歴史の話

日本史を問いなおす

網野善彦　鶴見俊輔

朝日文庫

本書は二〇〇四年五月、朝日新聞社より刊行された
『歴史の話』を改題したものです。

歴史の話　日本史を問いなおす●目次

まえがき　網野善彦　9

I――歴史を多元的にみる　13

国民の生活から離れる知識人たち／「烏合の衆」が秘める思想的な強さ／わからない問題がたくさんある／「お前は何民族だ？」と聞かれたら／ずっと秀才だった人間の思い込み／いつから「日本人」という意識をもったのか／裏帳簿をつくる戦国時代の村人たち／地球大でみるとさまざまな王がいる／「プラス、プラス、プラス」と「マイナス、マイナス、マイナス」の歴史観／無所有のものを確かめていく／哲学者としてのマルクス／いま民際学を。国際学ではなくて／新しい時代の力となる「悪党」／統一の方向に行くだけでいいのだろうか／日本海世界、東シナ海世界への夢

注

II——歴史を読みなおす　113

「意味の重層性」を欠く日本の学術語／歴史的変化の中で揺れる文字の面白さ／山中共古と『東京人類学雑誌』／いま崩れようとしている「百姓は農民」像／襖の下張りに潜んでいる事実／百歳生きてきて、「うれしいような、悲しいような」／十四世紀にあった「手形」システム／「天皇制」という大きな図柄をどう読むか／「内臓の記憶」を失った知識人／今なお「一木一草」に宿る天皇という王／コメ、君が代、そしてジャズ／新しい「鎖国」を崩す歴史感覚を

注

あとがき　鶴見俊輔　200

この本を読みなおして　鶴見俊輔　204

歴史の話　日本史を問いなおす

まえがき

一九九三年十二月、琉球大学での集中講義のため、私は初めて沖縄に行った。講義の合間の短い時間であったが、すぐれた研究者たちに導かれて、私は沖縄本島の何箇所かのウタキ・グスクに登り、ほぼ一日かけて久高島（くだかじま）を歩く幸せに恵まれた。私の目で見ると、ウタキはあるときは山の上の巨大な石座（いわくら）であり、またあるときは森の中にポッカリとひろがる庭とその片隅の小さな自然石であった。また多様な石積（いしづみ）と、ときに見事なアーチの門を持つグスクは、近年、新たな角度からその役割が再検討されている本州・四国・九州の城と比較しうると思ったが、なにより印象的だったのは、ウタキ・グスクの最頂部に登ると、広々とした見事な海が眼下にひろがっていたことであった。

そして復元された首里（しゆり）王府（おうふ）の傍（かたわら）の円覚寺の門前に二人の女性が座って拝んでいるのを見たとき、一瞬、私は中世の絵巻物にしばしば現れる寺社の門前の風景を思い出したが、それから行く先々のどのウタキでもグスクでも、石積と香炉の前に座り、供物を捧げて拝むユタと見られる女性に導かれた女性たちの姿を、必ずといってもよいほどに見たのである。これらの光景を通じて、沖縄には琉球王国時代、あるいはそれ以前からの伝統を持つ独自な場のあり方と、それに深く結びついた信仰がいまも生きていることを、私は知ることができた。

そしてこうした経験をしながら立った大学の教壇で、「日本」という言葉を発するとき、私は終始、強い緊張感をもちつづけていた。江戸時代までの沖縄は「日本」ではない。前近代について語るとき、たやすく「日本」ということは「日本」に併合された琉球王国を無視し、その歴史と伝統とを抹殺することにもなりかねない。「狭い意味の日本」などといって、どうやら正確さを保つことにつとめたが、これほどの緊張感を私は本州・四国・九州での講義のさい、果たしてもっていたかどうかを反省・自戒するとともに、「日本」という国名に対し、つねに厳密に学問的でなくてはならないことを、あらためて痛感させられたのである。

反面、私は沖縄でしばしば「ヤマト」から来た人といわれた。しかし私は「ヤマト」人である意識は全く持ち合わせていない。あえていえば私は「甲州人」だと答えて笑いあったが、ここにも決して無視することの許されない「ヤマト」と「日本」に関わる重要な問題が端的に現れているといってよい。

「日本」とは、七世紀以降、小帝国を志向し、東北・南九州をふくむ周囲の地域に対して侵略によって版図をひろげることにつとめた、いわゆる「律令国家」の確立したとき、その王の称号「天皇」とセットで定められた国号であることは、研究者の多くにほぼ認められた事実である。しかしこの事実にもとづき、それ以前の日本列島には「日本」も「日本人」も存在しなかった、と私が言ったとたん、主として研究者・教育者からさまざまなご批判をいただくことになった。「弥生時代はもちろん、旧石器時代から日本人と考えてよい」「日吉丸が豊臣秀吉になっても人は同じではないか」等々、これは一例であるが、前者の論法をつきつめれば、「人類みな日本人」ということにもなりかねないし、後者は幼な子であった日吉丸と関白となって朝鮮を侵略した豊臣秀吉の間の本質的な差、その人としての歴史を見ようとしないことになろう。しかしこうしたご批判は無視よりもはるかに有難い。日常ふつうに使われている「日本」「日本人」に目くじらをたてるのはこだわりすぎともいわれようが、さきのような経験を経て、いま私はさらに一層、これにこだわり続けたいと思っている。

中川六平氏のお誘いで、全く一面識もなかった鶴見俊輔氏との対談をお受けしたのは、じつは鶴見氏が同じようなこだわりをお持ちだろうと考えたからにほかならない。古今東西にわたって該博(がいはく)な知識をお持ちで、人生経験も豊かな鶴見氏のお話に対し、そのお仕事についても不勉強で、狭い知識しか持たない私が、よく対応できたとは到底思えないが、二回にわたる対談を通じて、さきのような問題をふくめて、私自身は非常に多くを学ぶことができた。

鶴見氏に心から感謝の意を表するとともに、こうした機会を与えられた中川氏、そして本書の編集に携わってくださった廣田一氏に御礼を申し上げたい。

網野善彦

一九九四年三月三日

I——歴史を多元的にみる

『朝日ジャーナル』（一九九二年五月十五日号〜五月二十二日号）連載

鶴見　さきの長い戦争（一九三一・昭和六年九月の満洲事変から四五・昭和二十年八月の日本の敗戦まで）を体験している人は、国民の一割になったといいます。私たちはもう〝少数派〟ですね。

網野　そうなのですか。もうそうなってしまうのですね。

鶴見　私は十五歳から十九歳までアメリカにいました。日本軍のハワイ真珠湾攻撃（一九四一・昭和十六年十二月八日）はアメリカで知ったのです。生まれたのは一九二二年で、小学校二年の時が長い戦争時代の始まりでした。そのころから、日本人に生まれて日本語を使っているからには日本政府の命令に無条件で従わなければならないという暗黙の前提を背負って暮らしていました。それが中学を退校しましてアメリカに行ったんです。そして私は一九四二年にアメリカから交換船[1]で日本へ帰ってきたんですが、その後、しばらくして河合栄治郎（大正・昭和期の社会思想家）編の『学生と歴史』（一九四〇年）という本を読んだんです。なかに白いページがあって、そこは津田左右吉[2]の論文なんですね。当局の検閲で削除を命じられたわけです。それもちょっと異様な感じなんだけど、その本に羽仁五郎[3]の「歴史及び歴史科学」という論文が載っていて、「大学生になるのは二百人に一人。大学生になった人間の責任は何か」と書いてあるんです。「大学生の任務は、ダビド・シュトラウスとアルベルト・シュバイツァーがやったことをやることだ」というんです。私はそれまで羽仁五郎は読んだことがなかったんです。

シュトラウスのほうは『耶蘇伝』で、これは一八三五年の刊行です。シュバイツァーのほうは、羽仁五郎の言葉でいえば『「耶蘇伝」の研究の歴史』だけど、私が英語で読んだときには、『イン・クエスト・オブ・ザ・ヒストリカル・ジーザス』という本で、原著（独文）は一九〇六年刊行。

そういう仕事をやることだというんです。意味ははっきりしてるんです。大東亜戦争の真ん中にこういう本が出てるのかと思って、驚いたなあ。白ページになっている津田左右吉のほうは、「日本歴史の特性」という論文なんです。

この問題は、網野さんがお書きになった『日本中世の非農業民と天皇』[4]の冒頭にある問題とつながるんです。この本の序章の冒頭で網野さんは、一九四六年十一月十四日、早稲田大学での「学問の立場から見た現時の思想界」という津田左右吉の講演を引用されていますね。

「ニホンのことを考へるには何よりもまづ、何らの成見をも持たずして、ニホンのことの知り得られる史料により、ニホン人の実際の生活によつて、考へ得られるだけのことを考へねばなりません。これが学問的方法であります。ニホンの国家の起源や性質に当てはまらないやうな説は、少なくともこの意味において、一般的な国家の起源なり性質なりの説明にも解釈にもならないものだからであります」

この本はそこから始まるんですね。戦時に削除された津田さんの論文の続きなんです。

「自己中心的な視座」という言葉があります。ものを見るときに、どうしても人間は自分から見る。だけど、見えないものがどこにあるかは、気配で感じることができる。気配の自覚がある人は、成熟したすぐれた人だと思うし、その気配がまったくわからない人は、ものを考える人としてあまりすぐれていないと思うんです。

歴史家の場合もそうだと思います。自分の見えないものについての感覚。見えにくいけど、何かそこにあるんじゃないかという感覚です。

天皇というのは、明治以後の日本の歴史家にとって、特に高い地位を占める人間にとって、見えないようにすればそれだけ人当たりがいいし、社会的に上昇できる。逆に天皇否定の視座をつくっても、やっぱりそこに見えないものが出てくるんで、その気配の感覚があるかどうかが、歴史家としての段位を決めるような気がするんです。

網野　なるほど。

鶴見　網野さんのこの本のはじまりは津田左右吉、そして石母田正(いしもだしょう)(5)ですけど、その「気配」という問題が出ている感じですね。敗戦後の日本のマルクス主義者は、その問題が集団としてわからなかった。それが今に尾を引いてるような気がするんです。

津田左右吉の戦後初期の発言について、網野さんは「当時の革命運動の空想性、幻想性を暴露(ばくろ)した津田の批判は、基本的に正確であったといわなければならない」と評価しておられます。

津田はマルクス主義者じゃないんだけど、自分がつくっている視座について、何が自分に見えないかの気配の感覚を持っていたと思うんです。だけど、転向した状態から、戦後にもとのマルクス主義者に戻ってきた人たちは、気配の感覚を失っていた。戦争中に自分が別の立場をとってきたのを忘れて、そのことを隠してしゃべっているんだから、これはどうにもしょうがない。

ところが、そういうことを、史学は、問題にならないと思っている。科学はそういうものじゃないと思っている。だけど、科学にもそういうことが繰り込まれているんです。科学としての歴史といった場合に、視座の問題は入らないと思ってるのは、科学についてのとらえ方が浅いんです。

網野　大変よくわかります。

鶴見　今谷明（いまたにあきら）さんの『天皇家はなぜ続いたか』（対談集）という本の二三三頁に、「天皇制という言葉は、コミンテルンの三二年テーゼが日本で翻訳されたとき、非合法下の日本共産党関係者が訳語として初めて使用したもので、本来、イデオロギー色がきわめて強い政治用語なのである」とあります。

「天皇制」というのは翻訳語なんですね。コミンテルンの政治的な脈絡（みゃくらく）から移してきたもの。しかし、これを科学だと思っちゃった。これを使えば科学。つまり応用としての科学。応用科学なんですよね。もとの科学は純粋な科学だと思っているんだけど、これはそのときのソビエト・ロシアの政治的な配置で中心になっている何人かの人間が権力を掌握して、そこから出てきた言葉ですから、これを科学だというのは、ロシア人にとっても日本人にとっても政治の認識が欠落しているわけです。石母田正さんの『歴史と民族の発見（正・続）』（一九五二～五三年）にこれが出てくるんですよ。これにはびっくりした。プロレタリア革命が起こって共産党が権力を掌握するでしょう。そうすると「政治がここでは科学となった」と石母田さんは書いている。私はこの一行を読んだときに啞然（あぜん）としました。「政治がここでは科学となった」。ああ……という感じ。実はそれは、国家権力の頂点にある、ある委員会が決めることが、科学の名において主張されるということなんですよ。石母田さんはすぐれた仕事をしてるんだけど、この見方が戦後の石母田さんについて回ったんですね。津田さんと、石母田さんを頂点とするマルクス主義者の集団との対立が起こるのはあたりまえですよ。

石母田さんの考え方が戦後十年たって国民の科学運動への刺激になったのですが、この前提があった。神信仰を否定するという主体のうしろに、別の仕方で神信仰が入っている。もと神学生スターリンのうしろに神学が入ってるんですよ。それは「気配の感覚」の欠如の問題ですね。それを自分の文体に繰り込むことがスターリンにはできなかった。その問題を見ることができなかった日本のマルクス主義史学の問題でもあるんですね。これが日本の史学の天皇制批判に入ってきた。日本の進歩的歴史学が含む哲学的問題だと思うんです。これは私が非常に長いあいだ引きずっている問題なんです。

国民の生活から離れる知識人たち

網野　津田さんが戦後間もなく、「日本歴史の研究に於ける科学的態度」という論文を、一九四六年の『世界』三月号に書いているんです。津田さんが「科学」という言葉を使うのは、非常にめずらしいんですが、この論文での津田さんの批判の矛先はもっぱら皇国史観のほうに向かっているんです。当時のマルクス主義に対しても、やや警戒心を持っているけれども、決してそれを否定していない。むしろ社会史や経済史が生まれてくることを歓迎している。

　この論文の段階では、津田さんはまだ戦後のマルクス主義の動きに対して、はっきりした批判の態度をとっていないんです。ところが、その一か月後の『世界』に出た有名な「建国の事情と万世一系の思想」という論文では、表面から見ると批判の矛先がまるで変わって、はっきりとマルクス主義に向けられている。それと同時に、津田さんは「科学」という言葉をほとんど使わなくなるんですね。

鶴見　「科学」という言葉がマルクス主義者によって独占されたからですよ（笑）。
網野　そういえるかもしれませんね。それに代わって出てくるのが「生活」という言葉なんですね。「生活」は常に生きて動いているもので、いまお話があった「気配の感覚」を、津田さんは「生活」という言葉を使って表現している。

しかし、これは津田さんの考えの中では一貫していると思うのです。中国の律令制度が入って以来、日本の社会のインテリ知識人は、本当の日本人の生活から離れているというんですね。津田さんの考えは一貫してその点を強調していると思うんです。たとえば江戸時代の儒学者のさまざまな議論は、日本人の国民生活からは遊離しているとして手きびしく批判している。津田さんの皇国史観批判もその視点から行われているのですが、マルクス主義者に対する批判も、まさしく同じ視点からの批判です。

この津田さんの問題が、私には実は最近初めて胸に落ちたように思っているのですが、日本の社会を考える場合に、律令国家ができたことの持っている大きな意味をもっと考え直してみる必要がある。われわれはこの国家の志向、枠組みにいままでもいろいろな点でしばられ続けており、戦後のマルクス主義者もその枠からまったく自由ではなかったと思います。

石母田さんは非常に誠実な方で、私もいろいろな意味で影響を受けた先輩なんですけれど、『日本の古代国家』（一九七一年）を書かれた時点で、変節だという批判が当時、あちこちから出ました。

石母田さんは、自分の過去の考えに必ずしもこだわらないところを一貫して持っていたと思うのです。そこが私は石母田さんのすぐれている点だと思います。『日本の古代国家』以降の石母田さんは、初めてかつて批判していた津田さんと同じ地平に立って、正面からそれに取りくみ始めたのだと、私は思っています。いま石母田さんが生きておられたら、ソ連の消滅をどのように見るか、とても興味の深いところだと思います。

鶴見　歴史学は政治上の対立を含む活動ですね。それは避けられないと思うんです。政治的な立場をとれば、必ずそれに価値の前提がありますから。つまり現代についての生活上の姿勢です。それが入ってくると思うんですよ。その場合に違う陣営に分かれてしまうことは避けられないですけれど、自分たちの陣営が正しくて、対立する陣営は全部悪いというふうになり、そういうふうに学問の集団を組んだら、もうこれは悪くなる一方だと思いますね。

網野　そうだと思いますね。

鶴見　対立する陣営の中ですぐれていて、冷静に着実に判断している人をじっと見る気風が大切だと思います。そういう気風を形成しにくい陣営意識というのが出てきますからね。行動から切り離されているような学問の領域ならば、いくらかそれも可能だろうと思うんですが、大きな仮説を扱うと、対立した場合は物理学みたいなところでもなかなかそうはいかないでしょう。

網野　政治は、そのときどきの変転する現実の中で決断をしなければなりませんね。だから資料をできる限り集め、その内的な連関について深い分析をすることが十全にできないのは当然のことで、できうる限りの努力をするとしても、不満足なまま決断し、行動をせざるを得ないのでしょうね。科学の場合でも仮説を提示する場合は同じことだと思うのです。すべてがわかってしまっているならそもそも科学は成り立たない。わからないことを明らかにしていくところに、科学の役割があり、学問をすることの無限の喜びがあるのだと思うのですが、政治の世界は実際に人々の生活を直ちに動かすわけですから、ことはもっときびしいですね。しかし「政治が科学になる」ということは、政治家が、将来に向けてわからないことだらけだということ、つまり「気配の感覚」を持つことを前提にして、徹底した謙虚な姿勢で政治を行う立場に立った時でなければならない。それが「政治は科学だ」という言葉の本当の意味だと思うんです。

鶴見　もし石母田さんがある種のシニシズムを持った人だったならば、プロレタリアが権力を掌握したことで「政治が科学になった」というよりも、逆に「科学が政治になった」というほうが、もっとうまくその時の状況をつかめたんだけど、そのシニシズムが欠如していたんですね。

「烏合の衆」が秘める思想的な強さ

鶴見　私は、「烏合の衆」を思想上の強さのバネにしたいと思っているんです。これも賭けにすぎないし、行き過ぎがあるんですけど、私の立場はそうなんです。前衛の絶対的な正しさというものへの信仰を、なるべく持ちたくない。前衛というのがあって、それは絶対的に正しくて、遅れた大衆を引っ張っていくんだという立場に立ちたくない。「天にかわりて不義を討つ」というでしょう。これをなるべく自分の向こう側に置きたい。天皇の絶対信仰の場合も「天にかわりて不義を討つ」なんだけれど、マルクス主義の場合にもそうなり得ることが、戦前も戦後も日本のマルクス主義者はわからなかったんです。それが困るんですよ。

「天に代りて不義を討つ」（「日本陸軍」）というのは、日露戦争のときの歌でしょう。私はそれよりも「吾は官軍我が敵は／天地容れざる朝敵ぞ／敵の大将たる者は／古今無双の英雄で／これに従う兵は／共に慓悍決死の士」という、敵を最大美化する西南の役（一八七七・明治十年の明治維新政府に対する西郷隆盛らの反乱）のときの軍歌（「抜刀隊の歌」）のほうが素晴らしい。私はこっちのほうが好きなんです（笑）。向こうは精練された士族の集団で、革命戦争を戦った精鋭部隊で、西郷隆盛という日本でいちばん偉い大将がついている、俺たちはわずかな給料しかもらっていない警官だ。つまり、官軍が「烏合の衆」だという自覚を持っている。

味方の陣営はたった十人。その十人がみんな「烏合の衆」でも、「烏合の衆」であることを自覚すれば、それは思想的な強さになっていくと思うんです。「烏合の衆」は、つまりバラバラということでしょう。ディファレンス（違い）がある。それが思想的な強さになっていく。十人の「烏合の衆」で単一の立場に団結しよう、とは私は思わない。「鉄の団結」というのは考える力を弱めていくんです。ことに十万とか百万とかの「鉄の団結」になったら、考える力としてどうなるんですか。

一九四五年の敗戦以後、私が参加してきたのは、思想の科学、声なき声、べ平連、どれも烏合の衆なのだけれど、べ平連のように大きくなると、雑多な主張がそのまままざって表に出るというのではなくなって、むずかしかった。べ平連が大きくなったのは、代表になった小田実（作家）の力によるものだけれども、大きくなった運動を支えるひとは、ひとりひとりみなたいへんだった。私は、演説が苦手なので、この八年間は苦しかった。小さい雑多な集団に入っているのが、私には合っている。大きな雑多な集団でその雑多性がどのようにいきるかは、私にとってはむずかしい宿題です。大きな集団でも、その中で雑多な主張がひしめきあっているのが理想なのですが、なかなかそうはゆきません。私は小田実を壺から出した関係上、逃げられないんです。

網野　壺といいますと。

鶴見　壺を開けたら巨人が出てきたんです。『アラビアンナイト』みたいで。若くて、六〇年安保のときに大将じゃなかった人という条件でさがして、彼は電話一本で出てきた。それまで彼とは付き合いはなかったんです。出てきたら、彼の力でどんどんふくれ上がって、東京だけで十万人のデモをやった。みんな喜んでるんだけど、私には苦しかった（笑）。

彼は「人間チョボチョボ」というでしょう。チョボチョボの人間が百万よってたかって力を出すのが小田の理想なんだけど、私は人間相互のちがいが重要だと思ってるんです。敵の中で面白い人がいれば、それを見ていたい。安保賛成の人でも面白い人は認めますよ。私はなるべくそれを見ていたいし、そういう人の仕事を読むようにしています。

歴史学にとっての「烏合の衆」の意味は、網野さんのお仕事の中では「素朴な疑問の重さ」という形で出ていると思うんです。網野さんの本の中で北園高校で教えておられたときのお話が二度出てきますね。一つは、『天皇家はなぜ続いたか』の五八頁です。今谷明さんとの対談で、「信長には天皇の権威はもう必要なかったはずだ、それならなぜ追っ払わなかったんですかという生徒の質問に対して、その当時は満足に答えられなかった」と網野さんはおっしゃっている。

朝永振一郎さん（物理学者）は、東京教育大学に来たときに「愚問会」というのをつくったそうです。「愚問」の中から重さのある着想が出てくるんですね。それは、「烏合の衆」が面白いという立場の、論理的な系をなすんです。

もう一つは、これは網野さんの本ですが『海と列島の中世』（一九九二年）にも出てきます。「先生、船の技術は退化しましたか。なんで遣唐使の時代になったら突然行くのがむずかしくなったんですか」という生徒の質問。

網野　あれには本当にまいりましたよ（笑）。

鶴見　素朴な、重い質問ですね。非常に長い射程で考える、考えの連鎖をつくり出す出発点でしょう。

それともう一つは偽文書ですね。偽文書は歴史の中でたくさんあるわけですから、それがなぜ出てきたかを問うというのは、愚問の重さを知るということでしょう。それが網野さんの史学の方法にあるというのは、非常に面白いですね。十人の「烏合の衆」を大切にして、味方は「烏合の衆」だという私の考え方と、少なくともそこでは触れ合うところがあります。

だけど、一つ疑問があるんです。それは「中世史と現代史の切れ目」という問題なんです。網野さんの『日本論の視座』（一九九〇年）を読んだときに、私の中に残った問題なんです。古代、中世、江戸時代の鎖国の状態であっても、海外とのつながりがあったにもかかわらず、それらの事実、いわば中世社会に豊かにあった差異がどうして日本人の均質性の中に埋もれてしまったのか。「日本人だからこうなるよな」というのが、アメリカに行く前から私に突き刺さった問題なんです。私にはわからないから、そういうことを言われると非常に戸惑うんですね。俺は悪人だからそう考えないのだろう、と思っていたんですけどね（笑）。

「日本人は同じだ」。どうしてその中に埋もれてしまうのか。この問題は『日本論の視座』の中では答えられてないですね。それが史学そのものの重大な問題だと思うんです。

だけど、網野さんが書かれたものに、答えの方向はある。それは文字なんです。『海と列島の中世』の二八頁に、「文字の世界だけ見ると本州・四国・九州の日本列島主要部の社会は非常に均質に見える。とくに公文書の世界は全く均質です。そこに日本人の均質性、単一民族などの幻想が生まれてくるのだと思います」とあります。

これは一つの糸口なんです。明治以後の文字文化が日本人を包み込んだ結果とも考えられます。つまり、百二十年間の教育の成果ですね。これが日本人を地球に住みにくい国民にしていると思う。このままいったらえらいことです。日本が叩かれるのはあたりまえだと思いますね。アメリカからだけではなくて、世界中から叩かれるようになるでしょう。今度は大東亜戦争みたいな武力で突破することはできません。お金の力でもむずかしい。

それをはね返すバネは日本文化のどこにあるかという問題ですね。長い助走になりましたが、それをきょうのお話の中心に置きたいんです。

わからない問題がたくさんある

網野　科学にせよ政治にせよ、わからないことのあるのは当然なのですね。さきほどもいったけれども、すべてわかったと思った時、科学は科学でなくなると思います。政治も同じだと思うので、政治が科学でありうるとしたら、わからない問題が実はたくさんあるということを、どれぐらい深く認識して、徹底的に謙虚に現実に立ち向かっているかにかかっているのじゃないかと思います。その責任はだからとても重いと思います。たとえば、最近、あちこちでいっていることですが、百姓（ひゃくしょう）は農民であるとほとんどの日本人は思い込んでいます。だけど、「百姓」という言葉には、本来「農民」という意味は全く入っていないんです。「百姓」というのはたくさんの姓（せい）を持った平民のことですからね。それがいつから「農民」と思い込まれたか。

鶴見　面白いですねえ。

網野　思い込まれた経緯があるはずなんです。ところが、その問いを歴史家はほとんど発してこなかった。それは、十七世紀初頭の『日葡辞書（にっぽじしょ）』が「百姓」を「農夫」としているように、江戸時代までは確実にさかのぼります。江戸時代の儒学者は百姓が農民であることを前提にしている。加地伸行氏（中国哲学者）に教えていただいたことですが、伊藤東涯（一六七〇～一七三六）は『操觚字訣』で「農は百姓のことなり」といっていますし、『名物六帖』にも「農夫」を「ヒヤクシヤウ」とよんでいます。ところが、現実の百姓は江戸時代でも決して農業だけで生活しているのではなくて、みんな兼業農家といってもいいと思うんです。

鶴見　そうですか。いま兼業農家が急に浮上してきたけど、もともとそうだったんですね。

網野　百姓の中には、商人、廻船人もいるし山民、海民もいます。古代以来、日本列島の社会では現代流にいえば、「専業農家」であるのがむしろ異常で、兼業が当然だったというのが実情だと思うんです。文字の問題とも重なると思いますが、人民全体に百姓を農民と思い込ませた百二十年の明治以後の近代教育は、私は大変なことだと思うんです。

　しかし、この問題はある意味では「日本国」の千三百年の歴史を相手にしなければならないところがあります。先ほど話に出た津田左右吉さんは、それを相手にしようという気持ちを持っていた歴史家の一人だと思うんです。もっとも、それを肯定する立場に立ってのことではありますが、そうした視点を持っていたと思いますね。百姓を農民と見る見方にしても、文字にしても、出発点は基本的にみな律令国家から始まっていますからね。

鶴見　津田さんは、律令国家成立の、その前のところで問題にしておられますね。「カモ族」とか、それぞれの氏(うじ)が……。神社の名前を列挙したところがあるでしょう。狩猟、漁業、さまざまなものがあって、それは縄文時代だということなんだけど、農業が入ってくることで一挙に農民になったわけではないんですね。農業も、ということなんでしょう。

網野　そうだと思います。

鶴見　そこが高度成長以後と異種同型なんです。そう考えていくと、いままで全部農業だった、その農業がなくなるというとらえ方は、違ってくるでしょうね。

網野　その思い込みがあるから、現在のコメの問題、兼業農家の問題のとらえ方についても、基本的な姿勢が、最初からくるっていると言わざるを得ないように思います。私は政治家ではないから具体的にはいえないけれども、いまの政治家もほとんどの人が、百姓は農民と思い込んでいるのではないでしょうか。そこから「くるい」がでてくるのだと思います。

考えてみると、古代から始まって、中世、近世、そして近代の初めまで土地に税金を賦課(ふか)して、それを徴税体系の基本に置いてきたような国家は、全世界を見渡してもあまりないんじゃないでしょうか。ヨーロッパは違うと思いますし、中国は本家でしょうが、時代が下がると大分違ってきますしね。しかし、田地に税金を賦課して、土地税を基礎にしている国家にとって、それを負担する百姓は農民であってもらわなければ困るわけです。だから一貫して「農本主義」であり、百姓を農民ととらえる志向を持ちつづけて来たのだと思います。中世は統一的な国家がなかったので、その虚構性(きょこうせい)がやや見えやすくなっている時代だとは思うんですけど、それでも荘園公領(しょうえんこうりょう)制は同じ流れの中にあると言わざるを得ないですね。ただ、南北朝・室町期には「農本主義」は表面にでてきませんが。

「お前は何民族だ?」と聞かれたら

網野　このままでは日本人は大変なことになるという感じは、私も同感なんです。たとえば、もし私がアイヌ民族から「お前は何民族だ」と聞かれたときに、なんと答えるかですね。私は何人かにその問いを発してみたんです。みんな困ってしまうんです。たいていは「大和民族(やまと)」と言うんです。いま「大和民族」という言葉を、戦争中のいやな経験から歴史家はほとんど使わなくなっています。が、沖縄にいったとき、私は「ヤマト」の人といわれました。しかし私には「ヤマト」人という意識はないし、これは大変、異和感がありました。だから「私は甲州人でヤマト人ではない」といってきたのですが、沖縄の人も笑ってそうだなといっておられましたよ。

実際、これは大和中心、つまり律令国家中心の考え方からきた言葉ですからね。この国家が七世紀末につけた国号が「日本」なのですが、それは「ヤマト」とはじめのうちはよまれていたわけです。だから「ヤマト」は「日本」と同じなのですがこの問題一つ取り上げてみても、いまの日本人の自己認識は、きわめて中身が曖昧(あいまい)なものだと言わざるを得ない。

鶴見　通用している言葉で、「日本と外国」といいますね。「日本と世界」ともいいますね。このように区分するのは大変なことなんです。われわれの思想がそうなんです。もっと突き詰めていくと、「日本人と人間」ということになるんです。

網野　そうですね。

鶴見　それを突き詰めていくと、日本人は人間から叩かれて、滅ぼされるかもしれません。人間の外にいる日本人なんだから。「俺は人間だ」とそのとき言ってもダメですよ。「お前は日本人だろう」って言われてボカボカ殴(なぐ)られて殺されてしまう(笑)。

網野 それを回避する道を一生懸命考えているんですが……。本州人・四国人・九州人でも無意識的なバイリンガルなんですね。私は山梨出身なんですけど、山梨へ帰りますと、あっという間に山梨弁になっちゃうんです。東京から電車でたった一時間半で行けるところなんですけど、山梨弁はわからないですよ。ためしにやってみましょうか。「こんなところでからかっていなんで、早くあっちへとんでいって見てこうし」と言うんです。わからないでしょう(笑)。「からかってる」というのは、いろいろなことをゴチャゴチャやってることで、「とんでいく」というのは駆けていくこと。つまり「こんなところでゴチャゴチャやってないで、早く向こうへかけて行って見てこいよ」という意味なんですね。こういう言葉を私は山梨へ帰るとしゃべるんですが、東京に来るといつの間にか共通語の話し方をしている。

こういう経験は、日本人はみんな持っていると思うんです。いまの若い人でも、かなりの部分にそういう経験があると思います。

私もあちこち出かけますけど、ある年齢以上の地元の方とお酒を飲んで話すことはきわめて困難なんですね。通訳でもいないとわからないという経験は、ずいぶんあります。青森と鹿児島ではまったくそうでしたね。それだけ言葉が多様なんですね。アイヌ民族から「お前は何民族だ」と言われたら、やはり「俺は甲州人だ」と言えば、いちばんぴったりした答えになるかもしれない（笑）。

そういう現状を日本人が十二分に認識できたときに、日本人以外はすべて人間で、日本人だけが人間ではないという状態から離れることができるんじゃないかということを考えています。

それから、日本人の自己認識の曖昧さをなくしていくためにどうしても見なければならない世界が、海の世界じゃないかということを、私は最近つくづく感じているのです。

鶴見　フランツ・ボルケナウ（一九〇〇～五七。ドイツの歴史家）の最後の本が『終わりと始まり』というんです。とってもうまい題だと思うんです。終わりから見るとわかることがたくさんある。だけど、始まりのほうに行くと自分に見えないもの、気配の感覚がある。その両方が照応（しょうおう）して、お互いに含み合っている歴史観です。

日本の教育は、少なくともアメリカのそれをこえて制度として整備されてしまったから、小学校の就学率が高くなって、子どもが外で遊んでいると、「なぜ学校へ行かないんだ」といって叱るでしょう。日本以外のところだったら、だいたいどこでも、こんなに叱られるというわけではありません。学校に行かないのがわりあい普通の状態ですからね。

学校という、いわば教育の始まりのところで、「日本はこういう国」「日本人はこういう人間」と規定しちゃうわけですね。その定義を変更しないで、小、中、高、大学まで行って、たまたま日本史をやって史学者になっても、いちばんはじめの見えないものを気配として維持することをしていないから、「俺は何だろう」という不毛な質問を発する人は科学的ではない、ということになって、その問いを捨ててしまう。その揚げ句の果ては、膨大な資料を持っても、分析方法が固定してるから、話が全部ズレちゃう。

ずっと秀才だった人間の思い込み

網野　同じ枠の中にはまってしまって、「わからない」ことのあるのを認めるのは、「科学的」でないということになるのでしょうね。

「百姓は農民ではない」と歴史の専門家に言うと、「そんなことはとうの昔にわかってるよ」という答えが返ってくるんです。「それなら、百姓がいつから農民と考えられるようになったのか説明してください」と言うと、相手は困るんですね。そういう問題はこれまで真剣な問題になったことはないし、現実にその人たちがやっている仕事で、ほとんどの場合、そのことはまったく意識されてこなかったと思いますよ。多分、史料に「百姓」と出てくると農民と読んでいる。だから班田農民とか、農奴、隷農、小農民、貧農・中農・富農などという規定だけが通用していることになるんです。ただ、多少、広く史料を読んでいれば、農民ではない百姓がいるぐらいのことには、気づいている。だから「わかってるよ、そんなことは」という反応になるんですけど、これが度し難いんですね。

鶴見　私は細君に大学教授をやってもらって、大学の悪口を言ってる偽善者ということになっていて、それは当たっているんですけど（笑）、臆せずにその立場から悪口を言えば、教授になるような人は小学校のときからずっと秀才で来たんですよ。小学校に入ったときに定義されちゃって、それを引きずってるんです。定義を繰り返しこわすようなことをしない。定義というのは人間がやっているものなんだから、すべて曖昧なんで、必要にして十分な定義なんて、なかなか言えない。必要上いまこの場はしのげる程度の定義ということがわからないで、ピシャッと入っちゃってるんですね。これがおそろしいと思いますね。

網野　多分、秀才で負けずぎらいだから、「わからない」と言えないのでしょうね。そういうすべてが「わかっている」ところからは何も生まれない。科学も生まれないはずです。しかし、たとえば、「日本」という国号については、いつ、だれが、どういう意味できめたのか、どのレベルの歴史教育でも教えていない。だから日本人はほとんどすべての人が自分の国の国名のきまったのがいつなのか、知らないのです。一番基本的なことだと思うのですがね。

鶴見　それが「日の丸」問題なんですね。校長先生は小学生のときから優等生で、「日の丸」はもうわかっている、「君が代」もわかっている、そのままできている。だから「こんなことわかってるじゃないか」と押しつけて当然だと思っている。朝鮮人の強制連行は過去の、いわば「清算された」歴史上のことだという話になる。それで、いま朝鮮人に対して、立って一緒に「君が代」を口を合わせて歌わせるなんて、歌わされるほうにとってはもちろん屈辱（くつじょく）でしょう。しかし、校長としては、自分の視座が決まっちゃっているから、朝鮮人の子弟の側に自分の視座を持っていくことができないんですね。

網野　最近、平凡社から刊行された渋澤敬三[6]さんの著作集の第一巻に、ちょっと解説をつけなければいけないんで、改めて、その文章を読んだのですが、その中に一九二六年に台湾に旅行したときの旅行記があるんです。そこで渋澤さんが痛憤しているんですけど、「朝鮮征伐」のときに小早川秀秋（安土桃山時代の武将。慶長の役に予備隊の大将として朝鮮に出陣する）がどうしたとか、日本語の「てにをは」の使い方が悪いとか、日本人はそんなことばかり、台湾の生徒たちに小学校で教えているんですね。こんなことで台湾人の本当の生活のどこがわかるのだろうか、と渋澤さんは怒ってるんです。

それから、当時の日本政府は台湾に内地米を持ち込むんですね。そして米作を奨励した。高地にいる高山族に対しても米作を奨励した。渋澤さんは「米穀大会」に呼ばれて台湾に行って高山族にも会うんですが、その首長が「日本人もようやくわれわれが食べているアワやヒエの立派なことがわかって」、日本人の「大将」が俺に会いに来たらしい、という意識で渋澤さんを迎えたらしい。渋澤さん自身は、これを大変、愉快に思って肯定的に見ているので、日本政府の米作奨励には疑問をはっきり持っているんです。

現地の人の生活を大事にしない日本の官民のやり方に、渋澤さんは憤慨している。

こういうものの見方が、日本のいままでの学界の中には、非常に少なかったんじゃないかと思いますね。私は渋澤さんの「日本常民文化研究所」に偶然入ったんですけど、渋澤さん自身、非常に勘のよいすぐれた学者だと思いますね。

戦前の朝鮮に対する場合も同じで、日本は内地米を導入する。そうすると、必ず神社を持っていくんですね。台湾でも同じ、沖縄も同様です。神社そのものについてはもっともっと深い歴史があると思いますけど、米作には必ず神社がくっついている。とうとう北海道、満洲（中国東北部）にまで水田をひらいて神社をつくった。これは単に国家の強制だけじゃなくて、日本人がみなそう思い込んでいるから、大きなエネルギーになっていったと思うんです。これが実は大問題で、みんな本気でそう思い込んでやってるんですね。

鶴見　私は三年前に初めて台湾に行ったんです。霧社（むしゃ）というところに行きました。そこで会った人は背筋がピンとしているんです。「霧社事件」[7]というのがありましたね。自分たちにはプライドがあるから、日本人の巡査に侮辱（ぶじょく）されたことに対して立ち上がったわけです。屈辱に耐えられなかったから抗議をした。「乱暴な生蕃（せいばん）」がどうしたこうしたという問題じゃないんだ。そういうところから全部、考え直さなきゃしょうがない。

網野　渋澤さんも、当時「高砂族(たかさごぞく)」といわれていた高山族に会って、その誇り高さに非常に感銘を受けています。

鶴見　イギリス人はアジア、アフリカでさんざん悪いことをしてきたから、悪いことをした記憶を蓄積しているんです。だから抵抗に対して脱帽するようになったわけです。薩摩(さつま)、長州(ちょうしゅう)とイギリスが戦ったときに、イギリスは薩摩と長州は認めるんです。しかし、江戸の幕府は認めないんです。そこは老練(ろうれん)で悪人性を持っているイギリス人の面白さでね（笑）。戦争した相手の薩長と結ぶ。相手の真っ当(まとう)なところは認める。これなら組める、と思うわけです。ウソばかり言っている幕府とは組めないんですね。

網野　台湾に対してやったことについて、悪いことをしたと、おそらく多くの日本人は思っていないでしょうね。

いつから「日本人」という意識をもったのか

鶴見　いけませんねえ。それから、網野さんが書いておられるけど、アイヌと琉球と二つの王朝があって、京都の王朝を入れて三つの王朝が並行して日本列島の中にあったというのは、これは歴史の中に組み入れなきゃいけない。アイヌと沖縄の両者は、いまは統計的に少数者なんだけど、歴史と統計とは違う。そこを日本の歴史像の中に組み入れていかないと、「君が代」も「日の丸」もとらえ切れないし、それは百年単位の日本の未来を考えると、いいことないですよ。人類の中の日本人という方向にはむかない。

網野　アイヌにはまだ王朝はないでしょうが、北海道南部には「夷千島王」を名のろうとした人はいたようですし、琉球はもちろん独自な王国ですね。それに関連して私は「日本」という国号の使われ方を調べているんですが、これは天皇の称号とセットなんですね。「日本」という国号が決まる前に当然、日本は存在していない。しかし国号ができたのは七世紀末だから、その前には「日本」も「日本人」も日本列島には存在していない。しかも、当初の「日本国」は日本列島の一部しか支配していない。日本国は明らかに東北と南九州とを侵略・征服して、百年をかけてようやく本州・四国・九州をほぼ支配下に入れたわけですね。そこから、出発して考えていく必要があると思うんです。だから沖縄に行って歴史の話をするとき、「日本」という言葉を軽々しく使えないのです。明治のいわゆる「琉球処分」、琉球の併合前の沖縄は「日本」ではないのですから。うっかり「日本」と言うことは不正確になり、相手をきずつけることになりかねないのです。北海道南部の松前氏も十七世紀初めには、まだ、「ここは日本ではない」とはっきりいっています。ところが、これにも抵抗がありましてね。「聖徳太子といわれた人は日本が存在していない時期の人、倭人だから、日本人ではないのだ」と私が言うと、やはり反発される。「カッコ付きで国号の決まる前にも日本を使うことができないか」と、堂々たる学者が疑問を出されるわけです。むしろ歴史学者のほうに抵抗が強いですね。

　時代を追って古文書を読んで、「日本」をピックアップしますと、やはり、対外的な国号として使われているんですね。古代から中世でも他国に対して使いを送るときに「日本」という国号を使う。向こうからの使いも「日本国」に宛てた文書を持ってきます。ところが、平安時代の説話の中では、龍宮へ行って龍王の前に出たり、閻魔王の前に行くと「私は日本国の人間だ」と言っていますが、これはやはり「異界」だからなんですね。

　面白いのは、経典を筒に入れて山の上や中腹などに埋めるという信仰が、平安時代に非常に広がるんですけど、その経筒に銘を書くときには「閻浮提日本国」とか「南瞻部洲大日本国」などと書くんです。土中にものを埋めると、それは世俗の物ではなくて神仏のものになる。土の中は神仏の世界、「異界」だから、それに向かってものをいうときには、やはり「日本」と言っているわけです。

しかし、平安時代の末ごろから「宇治川（うじがわ）は日本第一のいちばんきれいな川だ」という言い方がぼつぼつ出てきます。「東は陸奥（みちのく）の果てから西は鎮西（ちんぜい）までが日本の範囲だ」という言い方が出てくるのも同じころです。

ただ、これもかなり抽象的なところがあるけれども、「日本国」という言葉を使いまくったのが日蓮（にちれん）(8)なんです。これは、それまでの「日本」とはだいぶ違った文脈で使われており、もし日蓮の「日本国」が定着したら、いまの日本人の意識はだいぶ違っていたと思います。もちろんモンゴルとの関係があるのですけど、日蓮は東国人ですから、東国の幕府の力、「東国国家」の主である北条氏の実力と、法華経（ほけきょう）という普遍性を持った思想の力で「日本国」を支えようというのが、彼の考え方なんですね。その文脈で、ひんぱんに「日本国」という言葉を使っている。しかし、日蓮は弾圧されて、この「日本国」の意識は定着しないで終わります。むしろ神国思想といわれて、古い神仏に即した「日本国」の意識が広がっていって、それがぼんやりと定着してゆくのではないかと思います。室町以降については、まだ調べていませんけれど、一体いつから、言葉もまるで違う東北人と鹿児島人が、「日本人」という意識をぼんやりでも持つようになり始めたのか。それを追いかけてはっきりさせることができれば、いまの日本人が持っているような漠然とした日本人意識のどこかに、風穴が開けられるのではないかと考えているんです。

鶴見　英国は、イングランド、ウエールズ、スコットランド、アイルランド、みんな違うんですね。いまも違うという意識を持ってるんです。いわゆる英語は通じるんだけれども、習慣も違うし、食べものもかなり独自なものだし、通貨も違います。それをずっと保ったまま世界帝国になっていった。

日本の場合、言葉や習慣などの違いを明治以後の外圧と国家教育制度でつぶしちゃった。いまは国家教育制度とテレビですね。この二つが二大勢力になっている。そういう状態でもう一ぺん「君が代」と「日の丸」が出てくるわけですけど、こういうときに沖縄とアイヌの意味というのは、ますます大きくなっていくと思います。日本の中で別の伝統を持っているところですし、明治の小学校制度もいまのテレビも、その伝統や独自の歴史をまだ消すことができていない。おそらくあと十年やそこらでは消せないでしょう。

網野　消せないと思いますね。

鶴見　そのことが持っている意味が大きくなっていくと思いますね。ことに大東亜戦争で地上戦をやったのは沖縄だけなんですから、そのことが持っている世界的な意味。沖縄は日本を世界につなぐ場所だと思うんです。

網野　沖縄で「日の丸」を焼いた人がいたのは、私は当然のことだと思いますね。中国やいわゆる「ヤマト」の強い影響をうけながら、琉球はその独自なものをはっきりと持っていますからね。ただ、考えてみると、ウエールズ、イングランド、スコットランドぐらいの違いはもちろん、むしろ、それ以上の違いが鹿児島人と東北人のあいだにも、生活慣習や言葉なりにあると思うんです。それが意識の上でなぜ自覚されないまま消えて、ぼんやり「日本人」になってしまうのか……。

鶴見　問題は、消えていくプロセスですね。網野さんの『日本論の視座』を読んで、残像として浮き上がってきて、逆に疑問の形で大きく残ったのはそれです。無数に点のようにあった海外との接点が、どうして消えていったのか。埋もれていったのか。そのプロセスの解明が、一種の反歌(はんか)の形の記録で出ないと、あの本一冊では解決しませんね。

網野　確かにそのとおりなんです。近代以後が決定的だと思いますけど、近代以前、「日本国」――律令国家の成立以来、その前提になるものが蓄積されてきたことは確実なので、近代になぜああいう教育ができたかという前提を明らかにする必要があると思うんです。

裏帳簿をつくる戦国時代の村人たち

鶴見　そうですね。日本の史学者が、明治にあまりやらなかったことを、大まかにいえばR・P・ドーア（イギリスの社会学者、日本研究者。著書『徳川時代の教育』、一九六五年）がやった。寺子屋の研究は、そのあとはずいぶんやるようになったけど、ドーアがやったころではなかなか着眼点がよかったんです。寺子屋は驚くべきことをやった。つまり、その当時のイギリス、フランスを超える教育の力を示していたわけです。そこのところを突き詰めていくと、明治の近代化の力は江戸時代後期にあった。これはほぼ確かでしょうね。逆に、近代に入ってどうして均質像ができたかという根拠を、さぐり出すことが必要でしょうね。

網野　文字の普及が明らかに均質感をつくり出す役割を果たしていますね。琉球王国は公文書に平仮名を使うんです。なぜ、片仮名でなく女文字（おんなもじ）ともいうべき平仮名が用いられたのかは大きな問題ですが、琉球では琉球語を平仮名で表現してますから、われわれが読んでもわからない。書体も独特なものを沖縄は持っているようですけれど、驚くべきことに、日本の中世から江戸時代、鹿児島から東北まで、文書の文体はもちろん、書体まで似てしまうんです。このへんに、明治国家にああいう教育ができた前提の一つがあることは間違いないと思うんです。どうしてそうなってきたかがむずかしいので、文字が国家を媒介に普及した点に根本があるけれども、簡単にはわからない……。

鶴見　幕藩制度の中に、のちになって海外の諸国との交通をする為替管理の方法を処理する技術の芽があったといいますね。勘定方というのは小役人でしょう。勤勉に努力をする人たちで、千石とか五百石をとっている人間の子どもじゃありませんよね。それがきちんとそこで帳尻を合わせていく。藩がつぶれないようにする。この技術を持った人間がものすごい数でいたわけでしょう。

網野　計数能力、経営能力の源流はかなり古く遡れると思います。十三世紀後半から十四世紀ぐらいには、荘園や公領は完全に請負になるんです。支配者に出す年貢や公事の額は決まってしまっており、請負人は、年末に必ず年間の収支の決済をして、決算書を京都の支配者、寺院などに出す。寺院ではそれを監査するというやり方が行われるようになっています。

最初は現物で年貢を送っているのですけれど、十三世紀後半にはみな現地の市庭で銭に換えてしまう。そしてその大部分は為替に組んで、手形にして京都に送るのです。京都と取引をしている商人が為替の業務をやっており、十四世紀、南北朝のころにはそれが普通になっているわけですね。それを保証する商人や交通業者などの広域的なネットワークができているので、それが可能なのです。

それと同じころ、ある種の企業家があらわれてくるんです。禅宗や律宗の僧侶が多いのですが、勧進聖になって寄付金集めをやる。このころの勧進のやり方は、関所を建てて、港に入る船や人から関所料を取る。あるいは、将軍や天皇の許可を得て一軒一軒から十文ずつ棟別銭を徴収する。そういう勧進によって、巨額な資本を集める。そして唐船という中国風の船をつくって、中国に貿易に行くわけです。そして大量の陶磁器や銅銭を持ってくる。その利潤をさらに資本にして、橋を架けたり港を修築したり、寺院を造営するなどの土木建築の工事をやるんです。

このように、このころの公共事業は勧進上人が企業家としてやっているんです。こういう大工事をやるときは職人を動員しなければならない。ですから、鋳物師、鍛冶、大工、石工、さらには土木工事のために「非人」などを勧進上人は組織していて、こういう人たちを動員して大土木建築工事をやる。十三世紀後半からこういうやり方が始まるのですが、これは一種の企業家で、ひとつのシステムとして行われています。

荘園管理を請け負ってその経営をする人たちの中にも、こういう僧侶がいますし、延暦寺の山僧も金融業をやっていますが、やはり金持ちで、そういう経営能力を持っている人が、あちこちの荘園の請負をやっています。

彼らは帳簿管理の技術も持っていたと思います。つまり、為替を組んで京都へ銭を送る、銭を借りて立て替える。あちこちにつけ届けをする。これは必要経費として落とせるわけです。こういうことは毎日、帳簿をつけていないと年末に決算できないですからね。利子の計算から為替のつくり方、市庭での相場を見定めた取引の技術まで身につけているわけです。そして年度末の帳簿では収めた年貢は支出の部に入れて、収入・支出の帳尻をきちんと合わせて結解状という決算書をつくって京都に送ります。

そして十四世紀以後には、村の中にもそういう能力を持った人が出てくるんです。村請が江戸時代の基本的な制度ですけど、南北朝期には、地下請、百姓請が始まりますし、戦国時代になれば、村のおもだった人たちの中には、計数能力を身につけて帳簿をつくれる人がいたのです。だから村の中の帳簿と領主に出す帳簿はまったく別で、一種の裏帳簿がつくられています。そういうことが村でも十分にできた。

村も倉を持っており、村のおもだった人が倉を管理しています。それは一応、領主の倉になっていますけど、倉からの物品の出し入れなどは全部、村の人たちが独自の判断でやっている。それだけの力を、十五~十六世紀には、村のかなりの人が持っていたんですね。

そうした力の蓄積が、江戸時代に入って、各藩のあいだの取引の決済などが十分にできるだけの能力の前提になっている。文字の問題とあわせて、数字を行使できる力の問題も大きいと思います。

江戸時代の儒学者から戦後のマルクス主義までの影響で、江戸時代は農業を基礎にした社会、中世も農業を中心とした自給自足的社会で、ようやく江戸時代の後期になって、商品経済、マニュファクチャーが発達してきたのだという理解が支配的だったために、こうした世界はまったくこれまで見えてこなかったのだと思います。私自身もそうだったので、こうしたことの意味を歴史全体の中に位置づけることができなかったのです。しかし、こう考えてくると、日本の資本主義の源流は、江戸時代どころか十四世紀ごろまで十分遡れるんですね。

戦後しばらくして、服部之総(はっとりしそう)(9)さんが、『蓮如(れんにょ)』(一九五五年)という本を書いて、安土桃山時代は「初期絶対主義」だといわれたんです。あの発想は面白いなと思っていたのですけど、周りからの批判で、すぐにつぶされてしまったんですね。

鶴見　服部之総さんは梅田雲浜（幕末期の志士、儒者）のことを書いていたでしょう。梅田雲浜は伝えられるような清貧の人ではなくて、カネ勘定が非常にうまかったんだというのを読んで、私はアッと思ったんです。つまり明治国家は、カネのことなんか考えずに国家のために黙って働くサムライ像をつくって、さかのぼって史実を歪めちゃったんですね。実はペリーが来る（一八五三年）前から、カネ勘定ができる低い禄の有能なサムライが、各地にいたんです。それが受け皿になっていて、世界の国家対立の構造のミニチュアが日本の中にあったから開国しても対応できた。明治のはじめには外国から相当ごまかされていても、十年ほどのあいだでちゃんと対応するんですからね。

網野　これは大変なことですね。服部さんの「初期絶対主義」論が取り上げられなかったのは、一向一揆が日本における農民戦争だとして、戦後の一時期、非常にもてはやされたためだったと思うんです。服部さんは、近江（滋賀県）の堅田の本福寺の僧侶が書いた「本福寺跡書」を初めて資料として使ったのですが、それを見ると、真宗を支えているのは商人や職人なんですね。それで服部さんは、桃山時代は初期絶対主義だと考えられたと思うんです。しかし、この説はあの時期にはもちろん、頭から百姓を農民とみていた最近までの研究でもほとんど評価されていません。

ただ、服部さんが亡くなった後で、井上鋭夫さん（日本中世史学者）が、『山の民・川の民』（一九八一年）に収録された論文の中で「ワタリといわれた山の民、川の民が真宗を支えたのだ」と主張されたのですが、十分に展開されないで亡くなってしまいました。

私はこのごろ能登（石川県）を調査していますが、びっくりしたのは、能登の海辺の集落は金持ちで、大変、巨大な真宗の寺院が多いんですね。ところが、土地、石高（課税のさいの基準高）は持っていないので、制度的には石高の少ない百姓、水呑百姓に位置づけられている人たちが多いのですが、じつは商人や廻船人の集住する港町がいたるところにあって、大変、豊かなのです。そうした港町にはだいたい真宗寺院があります。私は、戦国期の真宗は、本来、商工業者に支えられた宗教だと思うんです。蓮如（室町時代の真宗の僧、本願寺を再興）が歩いたところは、越前（福井県）の吉崎や近江の堅田、金沢などもみな港町です。もともと真宗はそういう性格を持っていたと思うんです。

これまで、国家の「農本主義」的な志向にまどわされて、われわれは完全に錯覚していた。そのため日本の歴史の実像の一部が完全に消えてしまっていた。それを消えさせる構造が、国家の制度やそれに即して作られる文書史料そのものにあったと思います。

ただ、調べてみると実態は全く違う。鶴見さんは日本の均質性をはね返すバネはないかということをおっしゃったけれども、私は楽観的なんです。歴史家の悪いところかもしれないけど、バネとなる事実は間違いなく日本列島の社会の中に存在している。ただ、いままでの国家の志向にからめとられて、われわれがそれを見つけられなかったということが大問題で、一皮ずつ剝いでいくと、いままで思いもよらなかった世界が開けてくることは間違いないから、私はこのごろ大変楽しくなってるんです（笑）。まだやることはいくらでもある。それこそが科学なのだと思うんです。

地球大でみるとさまざまな王がいる

鶴見　大学の講座でいまも「国史（こくし）」なんていっているところがあるでしょう。国史というのは明治国家の殻（から）の中の歴史ですからね、これじゃ困るなあ。国家・国歌・国史はセットになってるんですよ。そして国語。これも国語じゃ困りますねえ。網野さんの『異形の王権』（一九八六年）という本、大変面白かったのですが、この中に、「君主制度は皆、戴冠式儀礼を含んでいた。この儀礼本来の機能は人間を神に変えることである」とあります。どこの君主もそれをやるんですね。もともと人間は「サルの王」のようにして君主をつくっていると思うんです。そのサルの間からどのようにして王が出てくるかを研究していけば、大体わかるらしい。最近の研究だと、腕力だけじゃない。腕力のあるサルが王になるんじゃなくて、助けることができるサルという機能が出てきてるんです。

だけど、人間の場合には、言語と歌と宗教がほとんど一緒になって出てくるので、それを使ってひときわ抜きん出た者に自分を見せる。そしてみんなも納得すれば、それが王なんでしょう。だから王になる人間の機能は、サルの状態にもすでにあって、さらに言語と歌と宗教がからんでくると、戴冠式をやるわけですね。地球上いたるところにそれがあるわけで、その中の一つのものとして日本の王も出てきた。

日本列島は広いから、いろいろなところに王がいたに決まっている。文書として残るのは少しだろうけど、日本列島に王はたくさんいたわけでしょう。地球上のさまざまな王権の中の一つの王として、それを見ることが必要でしょう。それをやっていけば、日本の天皇にたいする態度も自然に変わってきて、侵略的で独善的であることから一歩退いて見られるようになると思うんです。

私は戦争中、バタビア在勤海軍武官府というところにいたんです。ジャワは陸軍地区なんですけど、陸軍に全部まかせておくと、陸軍と海軍は仲が悪くて接点がないものですから、海軍の部隊がそこに置かれていたわけです。それがバタビア在勤海軍武官府なんです。そこで私はある日、廊下でとても太った男とすれ違った。しばらくすると、その人は廊下の脇の椅子に腰をかけているんですね。誰かが私に、「あれはロンボク島の王さまだよ」と教えてくれたんです。私は、初めて王さまというものにごく近い距離で接して、これが王さまか、と思いました。

だけど、考えてみると、地球大で見たらさまざまな王さまがいるわけで、日本の天皇も王さまの一人なんです。それがある条件のもとでは地域住民のまとめ役になるし、外的な侵入に対して抵抗役になるし、いろいろな仕方になる。だから一概にいいとか悪いとかいうものをこえて、その働きを見なくちゃいけない。再び日清（一八九四～九五・明治二十七～二十八年）日露（一九〇四～〇五・明治三十七～三十八年）から「韓国併合」（一九一〇・明治四十三年）みたいな役割を、天皇が果たす可能性を、いまの日本の政治家の頭の構造からいくと持っているわけですが、それを押さえ切れるかどうかがこれからの問題。「君が代」「日の丸」を戦前と同じように固定する教育をするとおそろしい。

ただ、王権の研究など、文化人類学からの接近は、ずいぶんいい役割を果たしてきたような気がします。山口昌男[10]（文化人類学者）が戦後に大きな仕事をしたんだけど、戦前の大正時代だと、岡正雄[11]がそれをやろうとして柳田国男にブロックされているんですね。フレーザー（一八五四〜一九四一。イギリスの人類学者、民俗学者。信仰・儀礼などの比較研究をくりひろげた）の王権についての論文を訳そうと思ったら、「それを出すならぼくは妨害するよ」と柳田国男に言われた話を、岡正雄は書いています。フレーザーをあれほどタネ本として使っていた柳田国男が、天皇を王権の問題としてとらえることに強い反対を表明した。自分の政治思想からいって、文化人類学に反対だったんでしょう。

網野　文化人類学の仕事は、私にとってもいろいろなことを考えるきっかけになっているんですけど、文化人類学の視点からの天皇論に対する歴史家の反発は、依然として強いんですね。権力が動いたときの恐ろしさを、文化人類学的な王権のとらえ方は十分考えていないのではないか、というのが歴史家の反発の背景にあるのではないかと思うんです。

しかし、最近の東欧・旧ソ連を見ていると、権力はそれほど強いものじゃないという印象を私は強く持ちました。王は自分に独自の力があるから王なのではなくて、まわりが王と思うから王になれるのだ、といわれますけど、まったくそうだと思うんです。権力は、社会の中に実在するいろいろな要素を制度化し組織化することで成り立ちえているので、確かにいちど制度ができると暴力的にそれを強制することにもなりますが、基本的には、それ以上のものではないのだと考えてみますと、王権の問題を見る視野が、もう少し開けてくると思います。

たとえば租税の問題を考えましても、江戸時代に幕府や大名は百姓に重い税金、年貢を賦課したことになっています。中世でもそうだし、古代でも律令国家は重い租税を公民に賦課したことになっています。しかし、古代・中世にせよ近世にせよ、なぜ人びとは自分が苦労してつくったものを権力に渡してしまうのか。人民はそれほどおろかじゃないと思いますね。しかしいままでの見方では、人民が力によって押さえつけられて、権力に従わざるを得ないから、またそれを見ぬくだけの力がないから、年貢・租税を払ってきたのだということになってしまいます。これは一種の愚民論(ぐみんろん)であり、上から人民を見る見方になっているといわざるをえない。しかし、人民はそれなりに納得し、出すべき理由があるから租税を出していると考える必要があると思いますし、年貢・租税の負担が、はたして本当にどの程度重かったのかをも含めて、もう一度徹底的に考え直してみる必要があるだろうと思うんです。江戸時代には、村が事実上請負をやっている体制をとっていますから、年貢負担は一種の契約みたいなものと見ることもできます。たとえば、能登の輪島(わじま)という町の年貢率は、石高の八割八分です。輪島は都市ですから土地はあまりありません。そのかわり商工業で大儲(おおもう)けをしている。だからわずかに持っている土地に対する年貢率は八割八分でも、出すほうはちっとも痛みがないし、取るほうもそういうことを前提にして取っている。年貢を出すほうには、それなりのプラスがあるんだという計算で出していると考えるべきなので、この年貢率は長い間まったく変わっていません。

そう考えると、権力は社会の合意があって初めて維持し得るので、その合意が崩れるような事態が起こり、それを多数の人民が意志として表現したら、あっという間に消し飛ぶと思うんです。人間は断じて力だけで押さえつけられているものではないという見方を、もっと徹底してわれわれ自身のものにしていかないと、古代から近代に至る日本史のとらえ方は、ホンモノにならないのではないかと私は考えています。

「プラス、プラス、プラス」と「マイナス、マイナス、マイナス」の歴史観

鶴見　さきほど岡正雄のことを言いましたが、私自身の子どものときからのことを考えると、私の中に深く入ったのは丘浅次郎（明治・大正・昭和期の動物学者）なんです。丘浅次郎の『猿の群れから共和国まで』（一九二六年）という本を、私は文化人類学者の西村真次（大正・昭和期の文化人類学者）の『人類学汎論』（一九二九年）という本で知って、取り寄せて読んだんです。これは大正時代のリパブリカニズム（共和主義）を、「進化論」からずっと出している面白い本なんですね。

実は『猿の群れから共和国まで』にはもう一つ感激する原因があって、丘浅次郎は落第してるんですよ。「落第から退校まで」という文章がその中に入ってる。私も落第して退校になってるんです（笑）。私が中学校二年生のときに、同級生が三年に上がっていく。「俺は永遠の落伍者だ、俺の人生は真っ暗だ」、と思って落ち込んでいるときに丘浅次郎を読んだんです。彼は落第して退校させられても大丈夫だった。「これはまだ俺も見込みがあるぞ」、と思って感激しました。『猿の群れから共和国まで』は、自分の中に深く入りましたね。岡正雄も柳田国男も知らなかった

んですが、西村真次の文化人類学の本を三〜四冊続けて読んで、その本は面白かった。王権への見方、天皇への見方は、必ずしも昔のものとして見るんじゃなくて、自発的抵抗力の束（たば）ねの役を持つことがあるんです。

網野さんが取り上げておられる偽文書の場合も、似たものがありますよね。低いところへ押し込められた人間が生きていくバネとして偽文書をつくるでしょう。そういうことがあり得るんですね。プラスもマイナスもあり得る。ところが日本の皇国史観は「プラス、プラス、プラス」ですからね。これは具合が悪い。

網野　逆に、戦後のマルクス主義は、「マイナス、マイナス、マイナス」でやってたところがありますね。

鶴見　そうなんです。ところが、その人たちがスターリン主義に屈したということがいまわかって、スターリンはもっとひどいことをした、それに比べれば日本の天皇のほうがまだヒューマンだったということになって、いま何となく元気がなくなっている。それはそれで具合悪い。

天皇制は地上にあるさまざまな王権の一種であって、いまどうか、これからどうなるか、という問題です。これからどうなるかを考えると、この二十世紀の五十年、日本は、朝鮮、中国、台湾、フィリピン、シンガポールに歴史的な被害を押しつけてきた。これは天皇制とからんでいるわけで、これをしっかりと歴史の中に明らかに出していかなきゃいけない。

そして日本人は戦後、天皇よりカネを信仰して、カネ信仰がバネになってきた。ところが、いまは韓国、台湾、シンガポール、香港が経済的に上がってきたから、カネを持っている彼らに対して、「おいお前」と言えなくなっている。そのことはやがて、経済的な取引を何度もしているうちに教科書の書き換えまで行くと思います。自分たちがやったことは全部よかったんだという教科書で訓練された商社マンが、韓国、香港、シンガポールに行って通用しないですよ。一緒に酒を飲むことはできない。結局はカネ信仰といういやなものが逆にバネになって、教科書の書き換えまで行くと思うんです。だから大きな意味では、「家永裁判[12]」は原告側が勝つと思います。

そういうことを考えると、未来にはまだまだ何かあるな、という感じがするんです。シンガポール虐殺[13]は、戦闘が終わり、かなりたって、平和の中で、華僑に対する猜疑心から行ったことですからね。すさまじいことです。そういうことを歴史の上でちゃんと明らかにしていかなきゃいけない。

網野　そこのところは恐いですね。コメの問題でもそうですけど、日本人自身の中にある問題、そのぼんやりした思いこみがつづいている限り、天皇が恐ろしい存在になる危険性がつねにあるわけです。それだけに、現在の日本人の考え方の枠組み、なんとなく常識とされている見方を、徹底的にひっくり返しておかないと、その危険性はまだまだ大いに残っているといわざるをえないですね。

鶴見　「マルクス主義の枠組みは世界の法則だ」というのが戦後の知識人の考え方で、たとえば東大の中で「党」といえば共産党のことだった。「どの党？」なんて問い返す必要はなかった。

だけど、「マルクス主義の枠組みは世界の法則だ」というのはきわめて疑わしいんで、マルクス主義が政権をとったら、それは一つの国家思想、国家主義になったという事実をはっきり見なければいけない。そこから、マルクス主義政権というものが地球民として暮らしていくのに非常に不適当なところをはっきり出してきた。つまり、地球上の人間が暮らしていけるにふさわしい日本史が、どうしたら書けるかということです。

網野　そのとおりです。

鶴見　これもまた『日本中世の非農業民と天皇』にも出てくるんですけど、「戦死者に対する鎮魂(ちんこん)を靖国(やすくに)神社参拝という形で国家的に出してくることに対して、恥と恐れを感じるのが当然だと思う。ところが、それが感じられなくなってきている」と。それが戦後半世紀のながれなんですね。これは恐い。戦争で人間をさんざん殺しているわけです。日本人と、日本人の外の人間と、両方が意識の中に自然に入ってくるようにしなければ、靖国神社じゃないでしょう。それを平和国家と称する国の首相がわかっていない。そういう首相を繰り返し選挙するわれわれ自身の問題を問い続けなければ、「人間に反対する日本人」という方向に行くでしょうね。

網野　日本では七世紀末に天皇の称号のきまるまえの王を「大王（おおきみ）」といっています。ところが『今昔物語（こんじゃく）』に、関東のほうに「大君（おおきみ）」といわれている人が出てくるんです。十一〜十二世紀のころにもまだそういう言い方があらわれている。

平将門（たいらのまさかど）（平安中期の武将。東国に独立国家をつくろうとした）は明らかに王ですし、鎌倉幕府や室町幕府の将軍も王権といってよいと思います。琉球にも独自の王権があり、北海道にも「夷千島王」のように王権らしきものがある。それだけではなくて、九州、四国、東北などの諸地域にもそれぞれ王権ということのできるような〝豪族〟がいたと思います。そのように日本列島の中には、複数の王権があったわけで、そうした多くの王権を相互に比較するような視点に立った研究、さらに世界の諸地域の王権と比較するような研究を徹底的にやっていくと、天皇の問題もかなり相対化できると思います。

ただ、不思議なんですね。戦後の歴史学にも戦前以来の固い枠組みができているんです。「日本史」という枠組みがあって、古代、中世、近世と区分されていますが、これは狭い意味の「日本国」の時代区分なんですね。沖縄―琉球の時代区分は、この枠の中には決してはまりません。沖縄の古代は十四～十五世紀から始まるんですからね。東日本の時代区分も、平将門の国家ができたころが本格的な古代の始まりといってもよいので、時代区分がズレます。にもかかわらず、戦後になっても、この戦前の歴史学の枠組みは崩されていないんですね。これを複数の国家・王権に即して考え直してみる必要があると思います。

靖国神社の問題にしても、こうした枠組みを崩して、正確な歴史のとらえ方が広がったら、状況は変わっていくと思います。

無所有のものを確かめていく

鶴見　十九世紀の科学観と天皇信仰とが結びつき、一つの時間の流れに組み入れられて、中学校、高校、大学の試験で、判定が簡単な○×式というカラクリをつくっちゃった。これから離脱しようとすると、受験勉強の妨げになるし能率的じゃないんですね。

だけど、歴史学としての問題は、アイヌの時間から見たらどうなるのか、沖縄の時間から見たらどうなるのかという、全然違う遠近法ができるわけで、違う遠近法の中に入れなければ、それは歴史学じゃないでしょう。

網野 まったくそうです。多元的、多次元的に見なくてはだめだと思います。

鶴見 物理的な一つの時間が、宇宙の発生からずっといままで流れているというのが、十九世紀の機械的な科学観だけど、それと天皇信仰とをピタッと合わせちゃったんですよね。これをこわさなければならないと思います。

むしろ鋳物師の偽文書といったものに、違う時間が流れているわけで、しかも天皇が避けがたく、そこにも登場してきて、自分は何々天皇の何々だ、という話になってきますね。その時間に自分を入れたらどうなるのかという、想像実験ができる人がどれだけいるか。それは簡単にテスティングできないけど、実は日本史学者として、そのテスティングが重大なんじゃないですか。

網野 そのとおりだと思いますね。

鶴見 口頭試問でそれを言える人がいたらすごいですよね。アイヌが「シャクシヤインの乱」[14]のとき、どのように日本を見ていただろうかということをスラスラ言える人っていうのは、相当な力を持っていますよ。

網野　それでも最近は歴史学もずいぶん変わりつつあります。北海道・東北の視点に立った『北からの日本史』(二冊、一九八八、九〇年)、沖縄の視座から見た「日本史」など、一応「地域史」と言われていますけど、ようやくそれが活発になってきました。最近平泉(岩手県)の柳之御所跡遺跡の発掘がありましたけれど、それによると、平泉の建物、寺院などは京都直輸入の様式でできているようです。しかし、全体として見ますと、渥美や常滑(ともに愛知県)の焼物をはじめ、中国製の青白磁が大量に流入していますし、北方の文化との関係まで含めて考えないと理解できないだろうという見方を、発掘した方々はしています。このように徐々にではありますけど、いままでのような統一的な枠組みだけでものを見る見方は、間違いなく崩れつつあるんです。もちろん、なかなか壁は厚いと言わざるを得ないんですけど。

鶴見　われわれの暮らしの中にあるバネということを考えると、網野さんたちがやられた『天の橋　地の橋』(一九九一年)というのは『少年倶楽部』のような構成になっていていてとても面白いんです。私たちの中にある無所有のものをかぞえていって、無所有のものを確かめていくという構造になっていますね。川とか水とか、そういうものは無所有なんです。海も無所有でしょう。それへの管理がどのようになされていったか。完全に管理できないから、管理と無管理のすき間のせめぎ合いとして出てきますね。国家から見たらどうなるのかということではなくて、われわれの中の無所有のものをかぞえていくことがバネになるんで、そこから考えていくと、地球民の立場につながっていくと思うんですね。

大熊信行（大正・昭和期の経済学者）が、「家庭というのは、飯を食べてもおカネを払わないで、ありがとうと言えばそこで席を立つことができるところだ」と言ったんですが、家庭の中には貨幣からの自由がありますよ。国法からの自由もある程度あるわけです。われわれの最初の実感はそれなんで、国家の歴史は子どもにとっての実感じゃないわけですね。

「終わりと始まり」だけど、始まりは違うんですね。無所有のほうから入っていっている。だから自分個人の歴史の実感が無所有から始まるとすれば、「公」の歴史もまた無所有から書き始めることができるわけで、無所有の部分はなくならない。それがどのようにいまの社会に残っているか。それをずっと書いていくことは、日本史で、いや世界史でもできるわけで、はじめから国家は大きなテクノロジーを駆使できたわけじゃない。国と国の境なんて曖昧なものでね。いまだってラップランドのサーミ人は四つの国を渡り歩いていて、それで一つの文化を保っているんですからね。そういうことは常に世界史の中であったわけで、そういうものとして見なきゃいけないでしょうね。

この国家はいつ起こって、王さまは誰だったかという話ではなく、無所有の者の側から、ものの扱いから見ていく。無所有のものが全然なくなっちゃったら生きていけないんですからね。空気がなくなったら息ができないんだから、無理な話なんですよ。

網野 人間はいまや、空気から太陽光線まで私的所有の対象にしようとしているわけです。

鶴見 いままでの歴史では、空気は歴史的研究の対象にならなかったでしょう。それが問題なんだ(笑)。

網野 私が『無縁・公界・楽』(一九七八年)を書いたときには、まさしく無所有の方から歴史を考えてみようと思ったのですが、中沢新一さん(宗教人類学者)に「網野さんのやってることは、結局は資本主義になるね」と言われたんです。確かにそう言われてみると、市場という場はそこに入ったら物も人もいったんは無縁の状態、つまり誰のものでもなくしてしまう。だから贈与・互酬(ごしゅう)ではなく、商品として物や人の交換ができるわけです。無縁、無所有の状態の中で、初めて商品交換が可能になるということになります。建築・土木工事を請負う勧進上人や借上(かしあげ)・土倉(どそう)などの金融業者の場合も同じで、米や銭を神、仏のもの、つまり誰のものでもない無縁の状態にして、初めて銭や米が資本としての機能を果たしうるし、利息も取れることになります。屋敷についても同じで、その土地はまず神仏のもの、聖なる場所にしたうえで、家をつくるわけですね。

このように無所有を前提にして、初めて所有が成立するわけで、人間は所有を実現するために無所有の状態を意識的につくり出すわけです。もちろん、所有に変わったのちも、無所有の側からの作用は決してすぐにはなくなりませんが、次第に意識されなくなり、無力になっていく。

鶴見　無所有のものを国家の所有にして、パブリック・ユーティリティーと考えるわけでしょう。そうするとますますまずいことになっちゃうんですよね。

網野　いまも渚(なぎさ)が問題になっていますが、工場地帯ができる海岸線は、本来は無主・無所有の場所だったんですね。無所有の部分を管理するのは、「公」であるということで、結局、国家が出てきて公有地になる。だから海岸線がいちばん開発しやすいということになってしまい、渚がたちまち破壊されてしまうわけです。

鶴見　国家を無所有の側から批判していこうという力が、非常に弱い。

網野　いまも根本には生きているその力をどこから汲み取って、強力なものにしていくかが大問題になります。

鶴見　日常生活で、子どもが生まれて育っていくプロセスの中でその実感があって、それによって人間になるわけですけど、そこがバネなんですね。

網野　鶴見さんのいわれる「烏合の衆」も、まさにそこから出発しているはずですからね。

鶴見　もとの素朴な質問に返れば、水は誰のものか、海は誰のものか、地球は誰のものか、空は誰のものか、空気は誰のものか、そして日本語は誰のものか、これはものすごく重大な質問で、「こんなもの、歴史学は関係ない」と言えないどころか、実はこの問題が新しい歴史学を含んでいる。それを繰り返し問い返すところから問題が出てくるんですね。

哲学者としてのマルクス

網野　ただ、これまでは、私的所有の発達こそが歴史の進歩であるという見方が支配的だったと思います。マルクス主義のみならず、近代史学は本来、そこから出発しているわけで……。

鶴見　いまや「マルクス主義が負けて、資本主義が勝った」という説がありますから、これまた所有で完結する。

網野　マルクスは、私はいまでも偉い人だと思うんです。

鶴見　もちろんです。

網野　新しく勉強すると前に言ったことをどんどん変えていく。まるで逆のことを言うわけです。

鶴見　和田春樹（ロシア史学者）の『マルクス・エンゲルスと革命ロシア』（一九七五年）を読んでも、ロシアの共同体の意味をはじめに認めているでしょう。ロシアの農民のコミューンというものの伝統を見ています。

網野　見ていますね。マルクスは、早い時期の中国・インド論ではインドの停滞的な共同体は資本主義によるその破壊によってどんな悲惨なことがあってもこれを壊さなければ進歩は起こらないということを、口をきわめて強調していますけれども、晩年にロシアの勉強をしてからは共同体の中にコミュニズムの原点があるかもしれないという考え方に変わるわけです。最初の問題に戻りますけど、マルクスは自分にわかっていることと、わかっていないこととをはっきりと知っている人だと思いますね……。

鶴見　気配の感覚ですね。マルクスには気配の感覚があったんです。『資本論』を読んでいると労働というのが出てきて、そこには交換価値と使用価値がある、使用価値が重大な問題であることを自分は知っている。しかし、そのことについては触れない、ということを「注」に書いてあるんですよ。これが哲学者としてのマルクスの偉大なところなんです。「交換価値が価値だ」とは言わないんです。自分が落とすものの重大性を知っている。それが偉いんですね。

ところが、そのあとのマルクス主義者は、そこの「注」を読み飛ばしてしまったから、「交換価値が価値であって、これは労働時間によって決まる。科学的法則は決まった」ということになって、確実に定義されてしまう。もう疑いがないんですね。「こういう疑いもあるが、まあここでは……」という、それがなくなっちゃうんです。

網野　マルクスを読んでいると、必ずそういう部分がありますね。じつにいろいろなことをいっている。私は、そこが好きなんです。

鶴見　そこが偉いんですよね。

網野　気配というのは、政治の場合も同じと思いますね。「俺はここまで考えたが、ここから先はわからない。しかし、俺はここまで考え抜いてこう決断するんだ」という姿勢、そして間違ったらできるだけ早く、公然と間違いを認める姿勢を政治家がとれれば「政治は科学」になりうると思うんです。

先ほど話にでた石母田さんが、プロレタリアートが権力を握ったことで「政治が科学になった」と言ったことを、逆の方向から弁護しますと、「失うものが、何もない無所有の立場に一貫して立ち得る人間において、初めて科学も政治も成り立ち得る」という言い方に読み替えることができるわけです。ところが、失うものは何もないはずの人間が権力を持ったときに、それがどうなるか、実際にどうなったかという問題が次にでてくるわけです。

鶴見　「俺は無所有の人間を代表してるんだ」という意識、それは「俺が神だ」ということであって、つまり戴冠式なんです。

網野　それは王権の問題にもつながってきますね。これからの問題は、もちろんそうした「戴冠式」にならないで、権力を無所有の思想に立つ大衆がつねに包囲するという状態をいかにしてつくり出すかだと思うんです。

鶴見　ただ念のためもう一度いうと、「鉄の団結」がこわいんです。お互いのあいだのすき間、違いがわかるだけじゃなくて、違いを大切にするバラバラの集団が、考えていく力を持つんですから。団結しちゃったら思索力の低下なんです。

網野　「鉄の団結」というのは当然問題ですが、さきほどいったような徹底して謙虚な立場に立っていれば、相手の考えを頭から否定するはずはないわけですから、おのずからそれとは違ったまとまり方になると思うんですが、しかしそれぞれに考える力、自分を相互に持ちながら、まとまっていくのは実際にはなかなか大変なことですね……。

さきほどの問題にもどると、海を考えてみても、二百海里（カイリ）以外の、どこの領海でもない「公海」、この「公」とは何なのかというと、無所有の「公」なんですね。この公海もだんだん狭まりつつありますけど、そういう無所有の世界のほうが昔ははるかに広かったわけで、改めて無所有の方向からの歴史の見直しをすることが本当にできれば、よいのだと思います。

いま民際学を。国際学ではなくて

鶴見　宮本常一(みやもとつねいち)[15]の『日本文化の形成』という三巻（一九八一年）を読んだんですけど、これはいままで未来社から出ている著作集とはちょっと違って、最晩年に海を持ってきてますね。すごいなあと思いました。

網野　海から日本を見るということを本格的に考えていますね。

鶴見　ももじというのが日本の至るところにいて、それが恵比寿(えびす)になったという話。原(げん)日本人がいた。古代インターナショナリズムですね。国というのがないから、民際(みんさい)的な文化が古代史の一つの側面としてあった。

これが出てくると日本史はずいぶん違ったものになりますね。

網野　実態として、そうした国家の関与しない交流は間違いなくあると思います。

鶴見　宮本常一は、それから民族移動までずっと行くんですね。アフリカから始まって、われわれはみんな黒人だったんだけど、それがヨーロッパに行って、そこで枝分かれして、白人と黄色人種になる。宮本常一は、そこから始まり、ずっと移動していって、アラスカを通ってペルーからチリへ行って、しまいにはアメリカ大陸のどん詰まりまで行く。その中で日本史を見てるわけでしょう。地球史として日本史を見るわけで、これは面白いですね。

私はメキシコで一年間暮らしたんだけど、メキシコの旧住民系の人は、休むときにしゃがんで休むんです。日本でも敗戦後、みんな疲れちゃって駅でしゃがんでいたでしょう。だけど、黒人と白人は立って休息をとるんです。それが体に組み込まれた歴史なんですね。つまり、体の中にある歴史なんです。そういうものとして太平洋を隔ててメキシコ人と日本人は対峙してるんです。

そういう大きな舞台がイマジネーションの中に出てくると、日本史には、自然に刻々違う時間が入ってくるわけでしょう。その歴史的想像力が欠けてるんですよ、「国史」なんていってる人には（笑）。国史なんていってると、いかに精密にやったって、国家と国旗が日常生活と連動しちゃうんです。そこが困るんですね。日常生活には国家の支配しきれない領域がある。

宮本常一は「一世帯で百キロメートル移動したとすると、四百世帯で四万キロ」と書いています。これが一つの歴史的な単位なんですね。太平洋を間にして、両方がしゃがんで休んでいる。これは現代史のひとつの事実なんですよね。そういう面白さがあります。

網野　私もペルーに一か月ばかりいたんですが、クスコのホテルの人が、「お前、何人だ」と言うから、日本人だと言うと、「俺とお前はきょうだいだ」と言って手を出すんです。「お前は赤ん坊のときに尻に青いアザがあっただろう」という。確かにこれは共通で蒙古斑ですね。それから、子どもを背中におんぶする。これも似ている。それからしゃがんで休む光景もよく見ました。

ただ、もっとあとになってから、南の海を通ってアメリカ大陸に行ってる人がいる。十七世紀初頭、一六〇六年、ペルーのリマに二十人の日本人がいたことが確認されていますけど、実際はそんなものじゃないと思います。リマだけで二十人ですから、もっともっとたくさんの日本人が南米まで動いてるはずです。

鶴見　宮本常一の経歴を見てみると、師範学校へ行って小学校の先生をして、高等師範学校に入ろうとして落第して、また師範学校へ戻る。そういう中でゆっくりゆっくりと民際史みたいなところまで行くわけですね。民際史として日本人の歴史を築いていく。

一方で国際人のほうからいうと、源流にいるのが新渡戸稲造[16]ですね。アメリカからドイツに行って勉強して、ドイツの地方学というものを日本に入れるんです。柳田国男に地方学を教えたのは新渡戸稲造です。ドイツは統一されるのが遅かったから、それぞれの地方の慣習が大事だったんですね。それを研究する人たちがいたので地方学ができた。これは柳田国男にとってものすごいヒントなんですね。柳田は「郷土会」をつくるときに、近衛文麿（昭和期の貴族政治家）をかついで、顧問格に新渡戸稲造を置いて、書記は牧口常三郎（明治・大正・昭和期の教育者、宗教家）ですよ。

近衛文麿、新渡戸稲造、柳田国男、牧口常三郎という実に面白い四人組が郷土会をつくって活動するんです。新渡戸稲造は国際人で、最後は国際連盟の事務次長ですけど、柳田国男も最後は貴族院書記官長ですからね。上のほうから下がってくる地方学と、逆に宮本常一は、農村で、小学校の先生で、ずっとやってきて渋澤敬三と結びつくわけですね。

網野　柳田さんは、結局、最後は日本という枠の中に入る。柳田さんのそうした軌跡についてはいろいろな議論がありますけど、日本は稲作が基本だという考えを、初期には決して持っていなかったはずなんです。

鶴見　それが柳田国男と門下生の岡正雄の対立であり、松本信広（昭和期の歴史民族学者）との対立なんですね。

網野　岡正雄は渋澤敬三と深いつながりを持つわけですね。

鶴見　松本信広はパリに留学してフランスまで行って、柳田国男の紹介をそこでやったりするんだけど、柳田国男はそこに危険を感じるんですね。松本信広はベトナム経由で資料を手に入れて、神話の日本への伝来を説いた『日本神話の研究』（一九三一年）という素晴らしい本を書きますけど、そういうものを柳田国男は敬遠しちゃう。

ところが、その知的親類の中から石田英一郎[17]が出てくる。石田英一郎はマルクス主義を捨てないまま、ウィルヘルム・シュミット神父がいるウィーン大学民族学科に留学して、カトリック系の人類学を学んで日本に帰ってくるんですね。そして、『河童駒引考』（一九四八年）とか『桃太郎の母』（一九五六年）とか、全然違うものを発表するわけです。

網野　「騎馬民族説」は、江上波夫さん（考古学者、東洋史学者。一九四八・昭和二十三年に「騎馬民族日本征服論」を発表）、岡正雄さん、石田英一郎さん……。

鶴見　そうそう。それで柳田と対立するわけだ。

網野　完全に対立するわけです。日本史の中でも、江上さんの「騎馬民族説」は、それこそ国史学の中では評判がよくなかったけど、「騎馬民族」が来たかどうかは問題だとしても、馬に関わる文化の流入があったことは、いまや常識になりつつあるわけです。必ずしも江上さんの言うとおりになるわけじゃないと思いますけれど。

鶴見　窓を開け放ったことは事実ですよね。日本における民際学の誕生という点からいうと、新渡戸、柳田の線も大きく働くんですが、宮本常一、渋澤敬三、松本信広、岡正雄、石田英一郎というのは、からみながら対抗していくダイナミクスがあるでしょう。この系譜は面白いですよ。新渡戸稲造は、いまお札にあらわれて、大正時代の新渡戸を、保守本流のほうに戻そうとしている。新渡戸の国際主義は桃太郎主義の一種なんで、『偉人群像』（一九三二年）を読むと、伊藤博文のほうがむしろ韓国人を尊重しようという立場なんですよ。現地に行くとそうなんです。新渡戸のほうは日本人を韓国にどんどん入れて、という先進民族、後進民族の思想なんです。伊藤博文は韓国にいたから暗殺されたんだけど、「韓国人は偉大だ」と言ってるんです。新渡戸自身が伊藤博文と自分との対話を記録しているんだから間違いない。

保守本流としての新渡戸稲造に対抗する流れが渋澤敬三にあったというのは、面白いと思いますよ。いま日本で必要なのは、国際学ではなくて、むしろ民際学なんですよ。

網野　まったく同感ですね。その点、渋澤さんは、大変にカンがいい方だったと思いますね。

鶴見　普通、殿さまというのはわがままなもので、気に入らないとパッと人を切っちゃうんだけど、宮本常一を離さないというのは偉いですね。

網野　渋澤栄一（明治・大正期の実業家）は、敬三氏をあとつぎにするのですね。敬三はそれで実業界に入るのだけれども、もともと生物学者になりたかったのだそうです。そこで敬三は「日本常民文化研究所」をつくり、敗戦後に私もそこに入ったのですが、戦前には左翼運動をしていて、そこからパージされた人を所員に入れてるんです。戸谷敏之（日本経済史学者）という人も、私は非常にすぐれた学者だと思うんですが、左翼ですし、宇野脩平（歴史学者）も左翼運動で一高をパージされていますが、そういう人たちを所員に入れてますし、戦争中、大内兵衛（大正・昭和期のマルクス経済学者）を日本銀行に呼んできて、日銀の貨幣金融史編纂の室長にしている。

鶴見　戦後、大内さんが「渋澤敬三さんに蛮勇を発揮することを期待する」という演説をラジオでやったのを、私は聞いたのを覚えています。

網野　そういう意味で渋澤敬三は抵抗精神を持った人だったと思います。また、宮本さんは最後の最後まで渋澤さんと結びつきながら、独特の世界をつくられた。

鶴見　私は宮本常一の三巻を読んで、目を開かれましたね。あの人の本はいままで十冊ぐらい読んでるんですよ。面白いんだけど、この三巻はまた格別ですね。田舎で日常生活をしながら、子どもと話しながら、ゆっくりと上がっていく。いやァ、いいなあ……。そしてこの人も落第してるんですよ。丘浅次郎にしても宮本常一にしても、落第して学校から離れてるんです。それがいいんです（笑）。ものと向き合う、その向き合い方ですね。ダイヤモンドみたいに、ものをカネに換算して、しまっておくのではなくて、カネに換算されないものと対面して暮らす。そういう暮らし方があれば、そこから自然に、国家の殻の中で考えない別の構想力につながると思いますね。初期の柳田国男にはそういうことがあったと思うんです。

網野　そう思いますね。

鶴見　「郷土会」をつくって、大正時代に郷土科という科目をつくるんです。私が小学校に入ったころ、郷土科というのがあったんですよ。道端（みちばた）とか近くの神社に行って記録を書くんです。いつの間にか国史の教科書に埋没してしまうんですけど、郷土は国家より低い次元のものだと考えるのは間違いなんです。自分の暮らしは国家の枠をこえるわけで、郷土科には面白い見方があるんですね。郷土愛というのは、世界のどこに持っていってもそこが郷土になるわけだから、国家本位、つまり中央政府本位と違うんです。

網野　郷土史、地方史（ちほうし）という言葉ですけれども、戦前はもっぱら郷土史ですね。ところが、戦後は地方史と言われ出すんですね。ここには、少なくとも、当初は、「中央」の歴史と「地方」の歴史という見方が入っていて、「中央」の日本史でつくったシェーマが「地方」でどうなっているかを検証しようという方向で研究がやられた時期が、実際にあったと思います。

鶴見　それはまさにコミンテルンのテーゼを日本で検証しようというのと同じパターンだ（笑）。

網野　もちろんそれだけではありませんけれども、最近は、地方史という言い方を避けて、地域史という言い方が広がってきましたね。

鶴見　新渡戸稲造は地方史（じかたし）と言ったんだけど、地方史（ちほうし）は地方史（じかたし）より後退してますよね。文字より、ものですね。ものとの向き合い方の問題。

網野　渋澤敬三が目をつけたのは、まさしく物なんですね。渋澤は若いころ職人にも関心を持っていて、民具を自宅にたくさん集めたのです。それがアチック・ミューゼアム、屋根裏博物館つまりのちの日本常民文化研究所のはじまりなんですね。「あしなか（足半）」（かかとのない草履（ぞうり））の研究がその最初の成果です。いまの国立民族学博物館は、渋澤が集めた民具が最初の種になってできたはずです。民博は世界のいろいろな民具を集めていますが、これをみると諸民族の民具には共通性、驚くべき類似があることがよくわかります。こうした観点が渋澤の学問の中には一貫してあったと思います。だから文化人類学、民族学に非常に深い理解があったのだと思いますね。それともう一つは海への着眼ですね。

鶴見　梅棹忠夫（民族学者、比較文明学者。国立民族学博物館の初代館長）は、ある意味で民際的な視野を持っていますね。

網野　そうです。それから、渋澤は早くからサル学を援助しているんです。サル学には非常に強い関心を持っていたようです。

新しい時代の力となる「悪党」

鶴見　網野さんには史学と歴史があり、『日本中世の非農業民と天皇』は、史学としての著述だと思うんですが、同じく網野さんの『蒙古襲来』（一九七四年）は歴史としての著述で、とてもスケールの大きい歴史記述。史学から出発して歴史をやり、歴史からもう一ぺん枝分かれして史学をおやりになっている。

『蒙古襲来』は悪の扱い方がとても自由ですね。小学校教育の固定された見方だと、悪は悪、善は善で、善をなるべく増やすようにして、プラスをプラスにするという考え方で見るから、南朝が正しくて、南朝の楠木正成が正しくて、後醍醐天皇が正しくて、明治天皇がそれを受け継いだということで、南朝、北朝の交換のところをボカして教えてましたね。

それが今度は、中学校から高校、社会に入ると逆転して、マルクスをもっと正しく理解したのがレーニンで、レーニンをもっと正しく理解したのがスターリンで、それをもっと正しく理解したのが毛沢東だみたいになってきて、プラス、プラス、プラス、善また善でしょう。そのとき悪は悪として固定されちゃうんですよ。

そこから、『蒙古襲来』というひとつの時代の記述は自由だし、悪が歴史のひとつの原動力になってそれを動かしていきます。その面白さがある。

いま読み直してみると、すでにどんど焼が出てくるんですね。私は数年前に中沢厚氏（民俗学者）の「丸石神」を読んで大感激したんですが、丸石がなぜ山梨県で信仰されるのか。丸い石があるというのは、大変にむずかしいことなんですね。

網野 そうなんです。

鶴見 いい丸い石があると自然に敬愛の念が生じて、歴史上まれに実現したひとつのチャンスとしてうやまう。丸石をただ置いただけなのが祭りの場なんですね。山を歩いていて疲れ果てて、ある村に差しかかるとそこに丸い石があって、夕日が当たっている。そこの描写はとても素晴らしい。名文家だなと思いました。

歴史を公文書だけで見ないで、悪とも取り組み、悪が新しい時代の力になって広がっていく。「蒙古襲来」を外敵の襲来とだけとらえないで、それを日本の外からの力として、交流としてとらえる。戦争の見方はそういうものだと思うんです。

そのあと、また概念の区分で、縁切り寺（えんきりでら）の話が出てきますけど、あれは日本の中にあるすき間なんですね。管理されない空間。あらゆるところが管理されていたわけではない。そのすき間は、日本人が日本人であるままに地球民として息ができる場所なんです。そこのところが面白い。

網野　「悪党」の「悪」は人の力をこえたものに結びついた「悪」なんですね。だから「悪七兵衛（あくしちびょうえ）」のように異常な力を持っている人も「悪」なんです。金融や商業もやはり「悪」と見られたところがあるし、博奕（ばくち）や「穢（けがれ）」もやはり「悪」につながっている。未開な呪術的な力ともつながっているのですが、そのエネルギーの噴出が「バサラ（婆娑羅）」のような新しい風俗にもなるし、商業・金融も発展させることになるのですね。モンゴルにもどりますと、モンゴルは九州に襲来したのと同じころ、十三世紀後半にサハリンにも攻めこんできています。なぜ侵入したのかというと、あの時点でアイヌがサハリンから北東アジアにまで入って交易を活発にやりはじめており、そこで元と衝突したようです。

鶴見　四度攻めてきたそうですね。

網野　北海道にも関係があったと考える人もいますが、少なくとも間接的には影響があったでしょうね。琉球にも影響があったようです。モンゴルの動きは、日本列島の西、北九州からだけではなくて、いろいろな面から影響を与えている。それから、面白いことに貿易はつづいている。むしろ活発になるぐらいですね。

鶴見　面白いですね。

網野　ところで、鶴見さんは宮本常一さんの本を、以前からお読みになっていたんですか。

鶴見　未来社から出ていたのを読んでいて、面白かったんですが、個別的なことだけを書いている人だと思っていたんです。ところが、この三巻の『日本文化の形成』を読むと、構想力があるんですね。

網野　渋澤さんが宮本さんに影響を与えていると思う点の一つは、海の問題です。渋澤敬三の今度の著作集の第一巻に収められていますが、渋澤は『延喜式』に出てくる海産物について丹念な研究をしています。いま読んでも立派なものですが、魚種ごとに、漁獲の方法、民俗などを細かく調べています。そこからでてきた非常に面白いことは日本の神は農産物よりもはるかに魚、海産物が好きだという事実ですね。アワビ、カツオ、海草、塩は、どんな神にも神饌（しんせん）として捧げなければいけないことになっているのです。

そして、魚の名前もまた地域によって違う。字も違うんですね。古文書でも統一されていないんです。たとえば、「鰒」は普通は「あわび」と読みますが、若狭に行くと「ふくらぎ」といって、ハマチのことなんです。字も違うし読み方も違う。そこに目をつけて渋澤さんはいわば魚の名前の大索引である『日本魚名集覧（ぎょめいしゅうらん）』という大著をつくります。

農産物は日本全国で、名前も字も同じで、文字の世界です。国家の影響が強いのでしょうね。しかし、魚そのものは権力によって統御されていない。制度に組み込まれていないから、非常に地域によって多様なんですね。そこを広げていくと面白い問題がでてくるのではないかという発想を、渋澤さんは持っていたことは確実で、これから、この仕事を受け継いで発展させなくてはいけないと思っています。宮本さんは、その点でも渋澤さんの強い影響を受けていると思います。特に海の役割を最後の著書となった第三巻で強調していますが、戦後になってまもなく『海に生きる人びと』（一九六四年）とか瀬戸内海の海民についての研究をしています。そこには渋澤さんの影響があったと思います。

鶴見 私は『日本文化の形成』を読むまで、宮本さんの構想力を考えたこともなかったし、随筆的な学問をして、記述的な仕事をする人だなと思ってたんです。

網野 この最後の本は、宮本さんは全身をかたむけて講義をしたもののようですね。

鶴見 大逆事件（一九一〇・明治四十三年、幸徳秋水ら社会主義者、アナーキストに対する弾圧事件）のとき牢屋に入っていて難を免れた石川三四郎（明治・大正・昭和期のアナーキスト）は、そのあとフランスに行って、亡命生活七年。フランスでペンキ屋さんになって、初めて肉体労働の生活をするんですが、そうしながら地理学者、人類学者と交わるわけです。エリゼ・ルクリュ（一八三〇〜一九〇五。フランスの地理学者）と非常に親しくするんだけど、フランスの大統領選挙にあたって、「自分たちの王さまのほうが、君たちの大統領より上等だ。カネで動かされないぞ」と言うんですね。自分はもう少しで殺される運命にあったのに。ロンドンの本屋では、天皇によって虐殺されたアナーキストとして自分の写真が出ていたというんです（笑）。だから天皇はいやな記憶としてあるんだけど、カネですべてが決まっていくことに対して、彼はそういうことを言っているんです。

彼は〝裸礼讃（はだからいさん）〟で、世界のアナーキストが箱根の温泉で裸で会議をするという遺稿が出てきたんだけど、裸で集会を行うような人間関係が政治の基礎だと考えるんです。

天皇が護衛を連れないで銭湯に入れるとき、私は天皇を支持します。それはロンボク島の王さまみたいなものだ（笑）。「天皇は諸悪の根源だ」とかいう主張に、あんまり与（くみ）することはできないですね。その時代、時代で違うでしょ。いまは戦争中にかついだ連中と同じ思想で天皇をかついでますからね。それには反対の側です。ただ、天皇のほうから来る栄誉は受けたくないですね。

私は、昭和天皇をすごく憎んでいたかというと、そうじゃないですね。やっぱりそれは、さまざまな王権の中のひとつと考えたいんです。相撲の故実（こじつ）を一生懸命勉強したり、和歌の歴史を研究したり、生物学と人類学を勉強したり、そういうひとであってほしいですね。

網野　いまの皇太子、浩宮は私といわば同学なんですね。海の交通・水上交通史をやってるでしょう（笑）。皇太子の専攻は中世です。だから天皇とこれまで縁のなかった、島や山奥の荘園に調査に行っているんです。ところがたまたま、その荘園に私があとで行ってみると、記念碑が建ってるんです。「浩宮殿下御成記念」とかいう碑があちこちにありますね。この辺が大きな問題です。本人が書いたものを読んでいる限り、真面目な学者です。

鶴見　三笠宮にしても、色川大吉との対談「帝王と墓と民衆」(『潮』一九七四年一月号)によると、国民の要望があれば古代天皇陵の発掘も考え得るという敗戦直後からの考えをひるがえさない。やはり真っ当な人であって、だから「皇族は人民の収奪者である。けしからん」というふうには、なかなか単線的には考えられないですね。

網野　私も、昭和天皇は決してゆるせない気持はありますけれど、天皇一般を憎しみの目で見るということはとくにないのですが、ただ、問題はそれを支える空気で、この空気が消えない限りは……。

鶴見　まだまだ危険は残ってますね。だからといって、真っすぐに反対側のポジションに変更したい、とは思っていない。だけど、悪と善との固定的な区分が困る。『真理の春』(一九三〇～三一年)という小説がありますが、細田民樹(大正・昭和期の作家)が書いたもので、三井(財閥)の大番頭の池田成彬(明治・大正・昭和期の政・財界人）をモデルにして、妾を囲ったり、小間使いを手ごめにしたり、いろいろなことをして、しまいには焼き殺されてしまうというんですね。池田成彬というのはきちんとした暮らしをしていて、晩年八十歳をこしても、英語で伝記を毎日読んでる人なんです。自分の暮らしを愛する人なんです。それを全部悪玉にして実録小説みたいなものを書く。それが昭和初年のプロレタリア運動なんです。

こういうやり方をやると、たとえば、スターリンの所行が暴露されたときに、全部ストーンとひっくり返っちゃう。今度はスターリンが悪いということなんだけど、スターリンだって悪いばかりの人じゃないですからね。

網野　私もそう思いますよ。スターリンのごく初期の若いときに書いたものを、昔、全集で一生懸命最初から読んでみたことがあるのですけど、若いころのものはそれなりに迫力がありますね。

鶴見　晩年になったって、「スターリン言語学」というのは、あの当時のブルジョワ言語学の達成を裏口から取り入れてるんです。そして公式のマルクス主義言語学を是正している。立派な仕事です。

統一の方向に行くだけでいいのだろうか

網野　おっしゃるとおりです。ただそれが権力と結びついて学問を抑圧することになったことが大問題で、一つの主張としては問題とするにたるものだと思いますね。民族の問題にしても、有名なスターリンによる「民族」の定義[18]がありますね。民族について定義すること自体、私は相当に問題があると思っており、民族は単に社会の客観的、内在的な条件だけで形成されるのではなくて、国家の作用や外部の力との関係で形をなしてくるものですから、「定義」をしてしまうとかえって正確にとらえられなくなるところがあります。だから、「定義」をすること自体に疑問があるのですが、もし定義しろと言われたら、あれ以上の定義はなかなかできないだろうと思います。しかしこの定義が政治と結びついて非常に抑圧的な作用を及ぼすことになったわけですね。

その意味で日本列島の中で、四国、九州、本州についても、十分に民族になり得るだけの条件、前提はあると思いますよ。特に東国と西国は、歴史的な条件によっては、確実に別な民族になるだけの差異が社会的にはあると思います。

になってるんです。

鶴見　民族国家というのが、地球にとっての地球という状態をつくるためのかせになってるんです。非常にむずかしい問題があるんですね。第一次世界大戦のあとでウィルソン（アメリカ大統領）が国際連盟をつくったときのような、民族国家をきちんと通していけば世界が平和になるという問題では割り切れなくなったことは、いま明白なんです。国史というのは、民族国家があるかのようにフィクションをつくって、その枠でやるから困るんです。これを超えるような交流史、民際史をいろいろなところでつくってやっていくのが、戦争に反対する運動のひとつの力でしょうね。知識人としてできることのひとつじゃないですか。

網野　まったくそう思いますね。一民族一国家という、近代以降の国民国家のナショナリズムが、いま次第に人類の足かせになりつつあることは間違いないと思います。お隣の中国、そして韓国と北朝鮮（朝鮮民主主義人民共和国）はいま統一に向かって努力しているから、こんな話は持ち出しにくいのですが、中国の場合、日本列島よりもさらに地域社会が多様ですね。北と南では言葉も通じないでしょう。これを強引に中華意識で統一の方向に進めていくだけで本当によいのかどうか、よく考えておく必要があると思いますね。

ある席で、漢(かん)民族の定義について論争になったことがあったのですが、そのとき、台湾の学者は、漢民族の定義は儒教と漢字だといっていました。これはある意味では実に漢民族のあり方をよく示しているけれど、儒教も漢字も、上から、いわば国家からかぶさってきたものでしょう。実際の生活の上では、中国は地域によって言葉も習慣も非常に違うわけで、歴史を見ても三国時代とか五胡十六国とか分裂した時代もたびたびありますね。そうした地域の独自性が表面に出てくることは、今後も大いにありうると思うけれども、いまの中国では、そういう方向での地域史の研究はどのくらいされているのでしょうか。朝鮮半島も同じで、儒教によって強力に統合されていますけれど、やはり地域によって多様なのではないでしょうか。高句麗（こうくり）・百済（くだら）・新羅（しらぎ）に分かれていたこともあったわけですしね。実際、国家の枠組みをはなれたアジア大陸、朝鮮半島、日本列島の人びとの自由な交流が歴史的にみても確実にあったわけで、そうした社会・地域の交流の実態をいろいろな分野から研究していければ、歴史の見方も大きく変わるし、現代の問題に対する見方もずいぶん変わるのではないかと思いますね。

鶴見　日本の中での在日朝鮮人の活動は、民際学として考えて、大変面白いんですよ。はじめは朝鮮総連の立場に立っている人は、学問的な締めつけが強いのでいやになって、いったん離れて小集団ができてきたでしょう。三世、四世になってまた別の考え方が出てくる。それがつくり出している日本語による文学や詩は、民族国家の枠を超えてるんです。この性格が逆に、韓国と北朝鮮に対して持っている影響力があり得ると思うんです。

本人は日本国民だと思っていないのだから、日本語の文学だけど日本文学ではないわけです。逆にいえば、日本語の文学のインターナショナルな部分で、日本語で地球民の文学が書かれたということであって、日本の文化の中の最も前衛的な、未来的な部分なんですね。アイヌにはアイヌの文化があり、沖縄には沖縄の文化があり、在日朝鮮人の文化がある。これは重大なんじゃないでしょうか。未来を含む新しい質として見ることが、とても大切だと思うんですね。

明治に入ってから、伊良子清白（明治・大正・昭和期の詩人）は長い詩を書こうと試みて、結局医者だったから途中でやめちゃうんですね。千家元麿（大正・昭和期の詩人）は、プーシキンの影響を受けて、同じように書こうと思って鹿鳴館の時代から書いていくんだけど、『昔の家』というのは、一冊にはなっても未完なんです。長詩は、許南麒が書き金時鐘（共に在日朝鮮人の詩人）が書いてるんです。金時鐘には『新潟』があり、『猪飼野詩集』があり、それぞれが長詩です。

なぜ明治以降、日本人が長詩を書けなくて、在日朝鮮人が書けたか。統計的に見れば、在日朝鮮人は人口の百分の一以下でしょう。長詩という形はそこから出てきた。「在日日本人」の場合には息が短いんです。正義の怒りなんてものがあったって、高校生から大学二年生までで終わり。三年になると就職活動（笑）。息の長い詩なんて書けるわけはないんです。在日朝鮮人の場合には差別があるし、日本の中に住んでいて違和感もあるし、規則を整えて長いリズムをつくっていけるんです。だからひとつの一貫した詩が書けるわけですね。

なぜ長詩が在日朝鮮人だけから出てきたかというのは、面白いと思うんですよ。それを大切にしなければならない。それは日本文学ではないと言えるでしょう。だけど、日本語で書かれた文学の地球的な未来を指差（ゆびさ）してるんです。

網野　朝鮮の問題でも、古朝鮮語というのは多様だったらしいですね。古代史を見ても、百済との関係では日本側は通訳を置いたことがないように見えますね。言葉は違っていたのでしょうが、百済人はすぐに日本の宮廷にとけこんでいます。しかし、新羅語と古日本語とはそれよりもかなり違っていたらしくて、新羅に出兵しようとしたときには通訳を養成しているんです。金田一春彦さんが書かれた『日本語』（二冊、一九八八年）を読んでいたら、高麗（こうらい）語の数のかぞえ方は古日本語と非常に似ているらしいんです。確かに、かつて日本には長歌というのがあったでしょう。

鶴見　だんだん短くなって、俳句になっちゃったわけだ（笑）。

網野　長歌の伝統はどこから来たんだろうと、いまの長詩のお話を聞いていてふっと思ったんですけど、朝鮮半島との関係もまだまだ考えてみる必要があることがたくさん残っていますね。百済人はたくさん日本列島に来ていたわけだし、こっちからもたくさん行ってると思いますよ。カルチャーセンターに話に行ったとき、質問が出て、「古代には百済人と何語で話していたんですか」と聞かれたんです。いま話したようなことを一応説明したんですけど、古代の言語の問題にもまだまだわからないことが多く残っていると思います。

鶴見　具体的な著作として、いまもその説が立っているかどうかは疑問なんだけど、そういう直感を持ったのは土田杏村（つちだきょうそん）（大正・昭和期の思想家）ですね。私は『土田杏村全集』というのを、子どものころ見て印象に残ってるのは、土田が万葉を朝鮮と結びつけて解釈してることと、その解釈に行き当たったとき、あまりに嬉しかったので、夜中にもかかわらず、寝ている細君（さいくん）を揺り起こしてその発見を語ったというんです。この二つは印象に残ってますね。

朝鮮と結びつけて日本の古代文学を考えたのも、私にとっては不思議だったし、発見したら嬉しさのあまり寝ている細君を揺り起こして話すというのも、大正期の日本の学者としてはめずらしいですね。土田杏村というのは、面白いところがあったなと思うんです。

当時、杏村はマルクス主義者からメチャクチャやられていたんです、反党的だということで。だけど、そのとき杏村は、非合法の共産党員の渋谷定輔（しぶやていすけ）（大正・昭和期の詩人、農民運動家）を援助していたんです。マルクス主義じゃなくて、新カント派なんですが、その立場から援助してるんです。ところが、日本のマルクス主義者はそういうのをメチャクチャやっつけるんだ。河上肇（かわかみはじめ）（明治・大正・昭和期のマルクス経済学者、思想家）の自伝でだって、岩田義道（昭和期の社会運動家）との往復書簡でも、杏村は叩かれているんです。新カント派だということがけしからんのだ、と。

網野　そういうこともあったのでしょうね。

鶴見　あの当時、杏村は『思想読本』というのを書いていて、面白い本なんですが、社会主義に理解を持つ新カント派で、つまりこれはフォルレンダー（一八六〇～一九二八。カント哲学に社会主義の基礎を求めたドイツの哲学者）からカウツキー（一八五四～一九三八。ドイツの社会主義者）まで行くわけでしょう。それもマルクス主義から見ると背教者なんですよ。マルクス―無神論―反天皇制―反資本主義。全部が数珠の形になっていて、カトリックの数珠玉みたいなものでないとダメなんだ(笑)。一筋道でないとダメなんです。日本歴史の天皇制がなぜ続くかに似てるんですよ。

エッセンスは団結の恐ろしさですよ。団結には怒ろしさがあるんです。「正義になる団結はいいじゃないか」というけど、そうじゃない。正義の団結がまた恐ろしいんです。正義の団結が十字軍もつくったし、大東亜戦争までいくんですからね。人間がバラバラであることの重大性を悟らなければ、思索力は上がらないし、創造的な学問はできないのです。「正しい思想はこれに決まった。右へならえ!」というのは学問じゃないですから。そこが依然として恐ろしい。

日本海世界、東シナ海世界への夢

網野　学問はもっとワクワクするような面白いものでなくてはならないと思いますね。正しいことが教科書で決まっており、それを学習するだけでは、創造的な学問は生まれないと思いますね。現実の生活そのものから新しい問題を発見し、解決していくところに学問の本当の面白さがあるのですから。

鶴見　私の哲学の立場は、「真理は方向にある」ということなんです。いままで自分がやった間違いは、ある程度わかる。これをやったら間違いだということがわかる。そのたびに真理に近づいていくわけです。間違いの記憶は確実に手の中にあるから、これで方向性が出てくる。間違いによって敷き詰められた方向なんです。だけど、「これが真理だ。これを見よ」というのは、信頼できないですね。その種類の学問の流派は信頼できない。それに対してはちょっと距離を置きたい。真理はないとは言わない。真理は方向にあると思うんです。

ただ、その考え方はなかなか理解されないんで非常に困るんですよ。新聞に何か文章を書いても、タイトルは新聞社がつけるでしょう。私は数年前、ある新聞に臼井吉見（昭和期の文芸評論家）の本の書評を書いたんです。これはとても保守的だということを書いた。タイトルがついてるんです。「真の保守主義者」（笑）。「真」ということは私は言わないことにしてるんです。四十五年ものを書いていて、まだこれをやられるのかと思った。タイトルでバッサリ斬られちゃう。首が落ちてるんですよ。恐ろしいです。

学生新聞がよくインタビューに来るんです。学生にとっては、私がかつて共産党員であって、あまりラジカルだからいまは切られたと思ってるんです。要するに、「真の共産主義」「真のマルクス主義」なんだな。ところが、私はマルクス主義者だったこともないんです。

網野　そう書かれるんですか。

鶴見　そういうタイトルがつくに決まってるんですよ。だから私は自己演出するんです。俺は小学生のときから不良少年だった。事実です。ウソではない。そこから刑務所を通っていまここにいる。刑務所も事実です。事実です。アメリカで入った。それ以外、経歴は何も言わない。そういう自己演出をしておかないと、「真の正義の人」みたいに書かれたら、もう致命的ですからね。真っ向幹竹割りという感じ。いままでやってきたことが無にされちゃう。

網野　私も「網野史学」などといわれるのはいやで仕方がないのです。学問はそれぞれの人に個性があるのだから、みなそれぞれの人のものだし、真実は万人のものなのですから。それに名前をつけられるというのはおかしな話だと思うのですよ。しかしまともに抗議をすること自体それにこだわっているようなので、聞き流しているのですけれど……。

鶴見　宮本常一から網野さんから、ずーっと行って鶴見良行（民間学者）もいると思うんです。『ナマコの眼』（一九九〇年）は歴史のひとつの視野だと思うんです。こういう大きなパースペクティブについて、何か名前をつけられませんかね。

網野　私は別として、学問のそういう流れはたしかにあるわけですね。むずかしいけれど、「民際的」でもいいですよ……。

鶴見　『ナマコの眼』には海も入ってくるんですね。東南アジアも入っている。メキシコと日本、ずっと交流として見る。そういう日本史への斬り込み方ですね。海も空も入ってくる歴史というのは面白いですね。ブローデル（一九〇二〜八五。フランスの歴史学者。一九四九年に出版した論文「フェリーペ二世時代の地中海と地中海世界」は歴史学に大きな影響を与える）の『地中海』（「フェリーペ二世時代の地中海と地中海世界」の増補版、一九七九年）も、海が入ってくるでしょう。面白いですよね。

網野　そういう見方で東シナ海世界とか日本海世界の歴史を書ければすばらしいですがね。ただ、海の向こうの世界にまだそうした条件がととのっていない。日本列島側の朝鮮半島から流入したものについては無数に事例があるし、朝鮮半島の南部から、日本列島と関係の深い遺跡が出てきましたけれど、向こうからも人がたくさん来ているし、こちらからも人がたくさん行っている。そういう痕跡は海の向こうをさがせばまだまだ出てくると思うんです。シベリア、沿海州（えんかいしゅう）あたりまで含めてね。最近、縄文時代の石器と酷似(こくじ)した石器がウラジオストックからでてきたと聞きましたが、そういう事例は恐らく無数にあると思います。中国大陸もそうだと思います。平安時代末、博多(はかた)に住んでいた宋(そう)人が、自分の郷里に残した石碑が中国で出てきているんです。これをみても人の往復がどれほど活発だったかがよくわかります。

いままではもっぱら列島側で見つけてきたけれど、これから向こうでもその意識で見つけてくれたら、日本列島側からも人はたくさん行ってるので、いろいろな痕(こん)跡(せき)が残っているはずだと思います。両方でそれを徹底的にやるといいんですね。いまのところ列島側の開発が極端に進んでいるから、向こうのものがたくさん出てくる。そこから、日本は「島国」だから来たものはみな受け入れてしまうという見方がでてくるんですけど、これも私は幻想ではないかと思うんです。こちらから行った事例もいくらでもありますからね。総合的に、両方の事情が本当にわかるようになって初めて、日本海世界を、ブローデルの『地中海』と同じような視点で描けると思うのですが、まだこれは前途程遠(ほどとお)い現状ですよね。

（一九九二年三月十九日、東京にて）

注

注1　交換船　太平洋戦争が起こった翌年の一九四二・昭和十七年、米国にいた日本人約一千人は捕虜交換船のスウェーデン船でニューヨークから出港、南アフリカで日本からのアメリカ人と交換となり、「浅間丸」に乗り換えて二か月後の八月二十日に横浜に到着した。同船には、鶴見をふくめアメリカ、ブラジルに移住した人達や野村吉三郎、来栖三郎ら外交官も乗っていた。

注2　津田左右吉（つだ・そうきち　一八七三～一九六一）　大正・昭和期の歴史学者。『古事記』『日本書紀』の神代説話が天皇支配の正当性を根拠づけるための後世の作であることを論証する。そのため、戦時下に皇室の尊厳を冒瀆したと主著『上代日本の社会及び思想』（一九三三年）が発禁とされ、津田自身も起訴された。『津田左右吉全集』（岩波書店）がある。

注3　羽仁五郎（はに・ごろう　一九〇一～八三）　昭和期の歴史学者。服部之総らと明治維新の研究に努める。敗戦後、「歴史学研究会」の再建に努力。『羽仁五郎歴史論著作集』（青木書店）、『羽仁五郎戦後著作集』（現代史出版会）がある。

注4　『日本中世の非農業民と天皇』　網野が一九八四・昭和五十九年に発表した論文集（岩波書店）。非農業民、つまり海民などを中心とする人達と天皇との関わりをテーマに、中世期の天皇の支配基盤を再検討する作業を展開した。

注5　石母田正（いしもだ・しょう　一九一二～八六）　昭和期の日本史学者。唯物史観の立場から、日本の古代・中世史を研究する。古代専制支配に対する新興の民衆の戦いの過

程を論じた『中世的世界の形成』を戦後の一九四六・昭和二十一年に発表、大きな反響を呼ぶ。「民主主義科学者協会」の創設に参加。『歴史と民族の発見（正・続）』、『日本の古代国家』、『石母田正著作集』（岩波書店）がある。

注6　渋澤敬三（しぶさわ・けいぞう　一八九六〜一九六三）　昭和期の実業家。渋澤栄一の孫で、戦前から民俗学、生物学の研究を行い「アチック・ミューゼアム」（のち日本常民文化研究所）を創設し、民具を収集し、かつ宮本常一らを育てる。本人も日本民族学協会、日本人類学会の会長を務めた。一九九二〜九三年、『澁澤敬三著作集』（平凡社）が刊行された。

注7　霧社事件　一九三〇・昭和五年十月（第一次）、三一・昭和六年四月（第二次）、台湾台中州の霧社で起こった高山族の抗日蜂起事件。長年にわたる日本政府の差別待遇に対する反乱で、日本人百三十四人が殺される。この武装蜂起が台湾の民族運動を引き起こすことを恐れた台湾総督府は、毒ガスなどを使い高山族約千人を虐殺し、生き残ったのは十五歳以下の男子と婦女子二百三十余人。反乱は五十日以上に及んだという。

注8　日蓮（にちれん　一二二二〜八二）　鎌倉中期の僧。比叡山などを遊学して法華経の信仰を強く主張する。地震、飢饉が続出する状況下で、日蓮は浄土宗を非難して法華信仰への回帰を説いた。

注9　服部之総（はっとり・しそう　一九〇一〜五六）　昭和期の日本史学者。東京大学在学中に「新人会」に参加。後に唯物論研究会の発起人となる。「明治維新」の研究を行い、戦後は親鸞、蓮如の研究を通じて中世の農民社会を考察した。『服部之総全集』（福村出版）

がある。

注10　岡正雄（おか・まさお　一八九八〜一九八二）　大正・昭和期の民族学者。一九二五・大正十四年、柳田国男と雑誌『民族』を刊行。『日本民族の起源』（一九五八年）で大和王朝を高句麗系の騎馬民族の南下渡来によって形成されたとする説を展開する。著書に『異人その他』（一九七九年）など。

注11　柳田国男（やなぎた・くにお　一八七五〜一九六二）　明治・大正・昭和期の民俗学者。民間伝承に関心を持ち全国を歩き山間も訪ね、『後狩詞記（のちのかりことばのき）』（一九〇九年）を発表する。その後、『遠野物語』『石神問答（しゃくじんもんどう）』（ともに一九一〇年）などを出す。一九三五・昭和十年に「民間伝承の会」（日本民俗学会の前身）を創設。『定本柳田国男集』（筑摩書房）がある。

注12　家永裁判　故・家永三郎氏が、高校の歴史教科書『新日本史』の検定で修正指示を受けたことを不服とし、一九六五・昭和四十年から三十二年間にわたり国を相手取り争った裁判。一九九七年八月二十九日、最高裁は検定に問題があったとしながら、検定制度は合憲という判断を下した。

注13　シンガポール虐殺　一九四二年二月、日本軍はイギリスのアジア進出拠点であったシンガポールを占領、同地を「昭南市」と改名。その後、抗日機運の残っていた華僑〝工作〟に乗り出した。当時約八十万人といわれた華僑のうち、四分の一にあたる二十万人の成人（十八〜五十歳）の男子全員を市内五か所に集め、「反日」と認定した人をトラックで海岸に運び射殺した。戦後のイギリス側戦犯裁判では「五千から六千人」が虐殺されたとある。

だが、地元の遺族会では犠牲者は「四万人」という。

注14　シャクシャインの乱　一六六九・寛文九年六月、北海道静内で松前藩の収奪に抵抗して起きたアイヌ民族の蜂起。二つに分かれていたアイヌにシャクシャインは蜂起を呼びかけ、和人の商船などを襲う。この蜂起に幕府は衝撃をうけ、鎮圧にのりだした。一六七一年にアイヌ民族は鎮圧される。絶対服従を強制され、松前藩の支配は強化された。

注15　宮本常一（みやもと・つねいち　一九〇七〜八一）　昭和期の民俗学者。小学校教師をしていたが、民俗学に興味を抱き、渋澤敬三の「アチック・ミューゼアム」に入り、終生、離島を含め日本列島を〝歩き見て聞いた〟。その足跡は『宮本常一著作集』（未来社）に集められている。『日本文化の形成』（三巻）は、晩年に若い仲間たちに〝海と日本列島〟について語ったもの。

注16　新渡戸稲造（にとべ・いなぞう　一八六二〜一九三三）　明治・大正・昭和期の教育者。札幌農学校で内村鑑三らとともにキリスト者となる。ドイツに留学、農政学を学ぶ。東大教授、一高の校長、国際連盟事務次長。クエーカー教徒として国際平和を主張したが、晩年アメリカにわたって満洲事変以後の日本の国家を弁護し、カナダで客死。『新渡戸稲造全集』（教文館）がある。

注17　石田英一郎（いしだ・えいいちろう　一九〇三〜六八）　昭和期の文化人類学者。一高、京大時代に学生運動の指導者。投獄された。一九三七・昭和十二年、岡正雄の勧めでウィーン大学に留学、馬をめぐる文化史的研究を行う。戦後、法政大学、東京大学などで教えた。桃太郎や一寸法師の昔ばなしに潜む人類文化史のテーマを探った。『石田英一郎全

集』(筑摩書房) がある。

注18 スターリンの「民族」の定義 スターリンは「マルクス主義と民族問題」(一九一三年)の論文で民族の定義に触れ、民族を一九四六年に次のように定義した。「民族とは、言語、地域、経済生活および文化の共通性に現れる心理状態の共通性を基盤として生じたところの、歴史的に構造された人間の堅固な共同体である」。

Ⅱ——歴史を読みなおす

『月刊Ａｓａｈｉ』（一九九三年五月号）掲載

鶴見　網野さんは、戦争が終わったとき、十七歳ですね。

網野　そうですね。十七です。

鶴見　もし三歳ぐらい上だと、平泉澄(ひらいずみきよし)(1)の時代ですから、皇国歴史観(こうこくれきしかん)というものがはっきり入ったと思うんですが、十七歳だと皇国歴史観が入っていたとは思えないんです。

網野　ほとんど入っておりませんでした。

鶴見　そうすると、自分で史学をつくっていかれる中で、論争の相手方として選んだのはどういうひとですか。

網野　戦後の歴史学は歴史の中で勝った者に目を向け、それが歴史の「進歩」を主導する、という、いわば「勝者の歴史」になっていたような気がしました。自分自身の経験もあったと思いますけれども、負けた人間にしかわからないことのほうが、むしろ人間にとっては大切な問題があるのではないかと思い、歴史の中の敗者のことをいつでも考えながら勉強したいと思っていましたね。単純に、「歴史は進歩する」というとらえ方、これはマルクス自身がそう考えていたとは、私、決して思わないのですけれども、それをもうひとつ深めるといいますか……。

鶴見　網野さんにとって、自分は負けたという体験はありますか。

網野　もちろんございます。

鶴見　たとえば山路愛山(2)だと、それがはっきりあるでしょう。一歳、二歳ぐらいのころに住んでいた東京の家は、地図で見ると、とても大きな家なんです。それが四歳ぐらいのときに徳川幕府が瓦解して、静岡に無禄移住でしょう。路地の中に押し込められるんです。そして小学校は四年生でやめさせられるんですが、できるから教師にさせられる。普通だったら、そのことは勝利の感覚かもしれないけど、これが敗北の感覚なんです。お金がないから小学校四年でやめさせられて、教師にさせられたという歴然とした敗北感があって、おそらく、このことが民間史学者として死ぬまでの遺産ですね。この遺産を食っていったんだと思います。山路愛山のねばりづよさはそこから出ているると思うんです。

網野　私の場合は、戦後の左翼運動の中での問題です。それはまったく個人的なことと言ってもいい面がありますから、お話ししにくいところがありますけれども……。一九五三年ごろですね。それまでは「歴史学研究会」[3]のお先棒をかついでいたわけです。

鶴見　網野さんは山梨県のお生まれですね。山梨というのは、網野さんに確かに影響があるような気がするんです。山梨にずっとおられたんですか？

網野　いや、そうじゃありません。育ったのはむしろ東京です。ただ、東京に来てからも山梨流の生活をしていましたから。たとえば正月に私どものところは餅を食べないんです。うどんを食べるんです。

鶴見　「ほうとう」ですか。

網野　「ほうとう」にも種類がありますが、うどんをつくり、正月一日に食べるんです。私、東京の小学校に行ったんですけれども、「お前、正月にモチ何枚食べた？」と、まわりで話しているんです。「俺、うどん食べた」と言ったら、みんなにドッと笑われましてね（笑）。方言でもずいぶん東京で笑われた経験があります。

鶴見　山梨だと、前回にお話があった無所有というのがよくわかるんです。中沢厚氏の石を訪ねる旅もそうですね。石なんて無所有だし、ブローデルの『地中海』じゃないけど、石が置いてあるところまで沢を渡って行くというのは、歩いて行くあいだ、所有というものとぶつからない。石というのは誰のものでもない。中沢厚氏の著作を読むと、底のほうに、無所有の、共同所有の、誰かわからない、祖先からの系図とは関係のない連続性があるでしょう。あれはよくわかるんです。私は中沢護人（科学技術史家、中沢厚の弟）をわりあい古くから知ってるんです。彼も掘り起こせば底に共産主義があるというか、共同所有という考えがある人ですよね。中沢さんご一家の共同性の感覚というのは、権力者打倒のマルクス主義の運動とはちょっと違う、無所有の感覚のような気がしますね。

網野　たまたま私の家内が中沢家の人間だったということでして、家内の父というのが……。

鶴見　生物学の人でしょう。荒俣宏（作家、博物学者）が書いている（『大東亜科學綺譚』一九九六年）、中沢毅一ですね。

網野　そうです。もう亡くなっていたので、私は会えなかったんですけれども、なかなか立派な人だったと思うんです。この父が中沢家のあの兄弟たちに与えた影響はじつに強烈ですね。

鶴見　網野さんが歴史をとらえる上で影響があったというのは何ですか。もちろん大学のころはマルクス、レーニンなんでしょうけど。

網野　そうなりますね。個人的に言えば、大学のころは石母田正さんでしょうね。鶴見さん、石母田さんはよくご存知ですか。

鶴見　知ってることは知ってます。ことに『歴史と民族の発見』は面白いと思いましたね。あのころ、厚生省の女子職員がつくった長い長い壁画のようなものがある部屋で、その職員の話を聞いたことがあるんです。「母の目」をテーマにして近代史を紙に描き、それを壁にずっとはっていた。石母田正の影響だと思いました。ああ、こういう歴史のとらえ方があるのかとびっくりした記憶があるんですよ。四日市の女子工員が母のことを描いた作文があって、それに木下順二（劇作家）と私の姉（鶴見和子、評論家）が感想を書いた『母の歴史』（一九五四年）というのがあるでしょう。その前に見たのが、その紙の壁画なんです。石母田正の『歴史と民族の発見』からそこに来るひとつの流れですね。それには心を動かされました。こういうつながりは、網野さんの現在の仕事の中にありますね。私はそれを感じます。

網野　どこかにあるのかもしれませんが、私は石母田さんにかなり反発をしたこともありました。左翼運動のゴタゴタの中での挫折というか敗北というか、すべてもう一度やり直しということになってしまったのです。それは東大を卒業してから三年ほどたったころで、「日本常民文化研究所」にいたころです。

鶴見　もう一度やり直しのときに、杖となるものは何ですか。

網野　あらためてマルクスやエンゲルスを新しい目で読み直しましたし、歴史学のいろいろな古典の読み直しを始めました。そのときに石母田さんには、従いきれないものがあることをはっきりと感じましたね。レーニンやスターリンもあらためて読んでみましたが、杖としてたよりきるものは基本的になかったのかもしれません。ただ、尊敬する歴史家は一、二おりました。その一人は川崎庸之（かわさきつねゆき）さんという古代史家で、戦後歴史学の中では、その主流とはかなり異質の方だったと思います。それからしばらくして中世史家の佐藤進一さんに出会うことになりますけれども、いま先生と言えるとしたら、このお二人ぐらいです。別な方面では宮本常一（みやもとつねいち）さんもそうだったと思います。ただ、いずれも教室で教えていただいた方ではないのです。

左翼運動の中での挫折といいましたが、そのときはそれまで勉強したことがまったくゼロになりましてね。すべてやり直しということになりました。

鶴見　一九五三年というと、二十代半ばですね。

網野　二十五歳ぐらいでしょうか。それまで「歴史学研究会」の委員をやっていました。民族問題がいちばんの大きな問題になっていた時期で、そのお先棒をかついでいたんですが、だんだんと……。いやァ、えらい話をさせられちゃったなあ（笑）。

鶴見　不思議なのは、網野さんの場合、二十五歳以後の形成期に、日本史の古代、中世、近世、そして宮本常一でいえば現代史、それが全部一緒に入ってくるでしょう。普通、歴史学の助教授、教授を目指している人は、ある時代の、たとえば庄屋（しょうや）の文書（もんじょ）なら庄屋の文書だけを研究するんですが、それとまったく違いますね。古代、中世、近世、現代が全部くし刺しになっているでしょう。上からかぶさってきたわけですか。それとも何となくそうなっちゃったんですか。

網野　まあ何となく……。

鶴見　専門日本史家は、そうならないものじゃないですか？

網野　そうはならないでしょうね。「日本常民文化研究所」は当時、漁村の古文書を集めて整理しておりました。私はこの研究所に六年間いまして、前半の三年間は「歴史学研究会」の活動、要するに左翼運動の活動でほとんど真面目に仕事をしていなかったんですが、やり直しをはじめてから古文書を一点一点きちんと理解する作業から始めようという気持ちになりました。

そのとき直面していたのは、史料をどう読み、どう整理していくかということで、このへんで渋澤敬三（しぶさわけいぞう）さんの仕事の仕方に、どこかで引っかかっていたのかもしれないと思います。とにかく、すべてやり直しを始めたわけです。それまでは古文書があると、サッと読んで適当に題名をつけていたのを一点一点長さをはかったり、中に書いてある言葉の意味を一つひとつ調べたりして、一人ひとりの人間の軌跡を古文書の中で追いかけてみる。それが意外に面白いものだということを実感したんですね。

鶴見　エール大学で教授になった日本史家がいるでしょう。

網野　朝河貫一（あさかわかんいち）（歴史学者。一八九六・明治二十九年、米国に留学。エール大学で日本文明史などを担当）ですか。

鶴見　そうそう。あの人はめずらしく古代、中世、近世、現代と全分野をやってますよね。

網野　非常に面白い方ですね。人類学にも視野がひらかれている、当時としてはめずらしい歴史家です。

鶴見　それはエール大学にずっといたからできたんで、日本では、日本史の教授になったら、ある分野だけの研究者になり、朝河貫一のようにならないでしょう。網野さんはよくそうなりましたね。マルクス主義者だったからそうなったというのではなくて、マルクス主義者だって、大学の日本史の専門家になったら、縄張り（なわば）の区分を早くから持って、専門領域内をきちっと歩くことだけやってる人が普通でしょう。網野さんは大変めずらしいと思いますね。

網野　一ぺんコケたという感じがありましたから……。

鶴見　コケたことによって歴史の全体に接触したんですね。

網野　結果的にはそうでしょうかね。間もなく研究所が水産庁からもらっていた委託予算が切れたものですから、一年間、失業しまして、高校の教師になったんです。十一年、高校に勤めていたのですが、高校の教師は原始から現代まで教えなくてはいけないんで、その仕事はその仕事で、それなりにやれば何か身につくものがあったのかもしれません。私は卒業論文に若狭（わかさ）（福井県）の太良荘（たらのしょう）という小さな荘園のことを書いたんですけれども、その時点になって、かつての自分の書いたものに何ともやり切れないいやな感じを持ったものですから、その荘園の史料をもう一度全部、自分の目で見直すことをぽつぽつ始めたんです。結局十年ぐらいかかったのかな。史料を読み直し、その荘園に生きた人たちをできるだけ追いかけて本を一冊書いたのが、最初に書いた本（『中世荘園の様相』一九六六年）なんです。

中世の古文書をどう読むかという仕事を、きわめて自分流にやってきたわけで、その意味では、先生はどなたもいないと言ってもいいかもしれません。尊敬する歴史家としては先ほどお二人の名前をあげましたけれども。

鶴見　ご自分の初期の論文が反面教師だったわけですね。

網野　その通りです。完全な反面教師でしたね。かつて書いた恥ずべきものからようやく脱出できたのが、仕事の始まりだったと思います。

鶴見　それは振り回された自分というものの自己評価ですね。

網野　まさしくそうです。ある意味では石母田さんにも振り回されました。石母田さんのお仕事はいまも依然として尊敬しますけれども、そのときに感じた多少の違和感を、私はいまだにずっと持ち続けておりますね。

「意味の重層性」を欠く日本の学術語

鶴見　大野晋（すすむ）（国語学者）に『日本語の年輪』（一九六六年）という本がありますけど、言葉の意味というのは確かに年輪を持っていて、言葉の意味には重層性があるんですね。だけど、日本の学術語には意味の重層性がない。

網野　なるほど。

鶴見　日本の学術語は明治はじめにつくられたのですが、たとえば日本語で「市民社会」といった言葉には、重層性がないです。「階級」という言葉にも重層性がないです。切っても一つの意味しかないんです。ところが、昔からの言葉を見れば重層性があるでしょう。

網野　おっしゃるとおりです。よくわかります。

鶴見　この違いが大変重大なんですね。その違いを自覚しないところが日本の人文系の学者全体にかかわる大変な災難だと思いますね。たとえば「次元」という言葉があるでしょう。「次」と「元」と書く。何のことだかよくわからないから、私は使わないようにしてるんです。だけど、英語に戻るとこれは「ディメンション dimension」という言葉なんですね。「dimension」は「dimensio」という言葉から来てるんです。「はかる」ということです。手をこうすれば（尺取り虫のように広げたり閉じたりする）ここからここまでの長さがはかれますね。これも長さの一つのはかり方です。こうすると（こぶしを握る）立体的な大きさがはかれますね。自分の体の動きで「dimensio」という言葉がわかるわけです。「dimension」という言葉も二千五百年前の日常生活でやっていた体の行動に結びついてわかりますよね。二千五百年のあいだに蒸留してきた感覚なんです。ほかの大体の学術語がそうなっている。

ところが、日本の場合は、西周（にしあまね）（明治期の哲学者）が早いんだけど、ものすごい勢いで翻訳した日本語をつくりますね。一種の早業（はやわざ）です。意味の重層性なんか捨てる。そのように日本の学術語の場合、十九世紀半ばの学問を一つの完成体として見て、即席（そくせき）でこれを日本語に移したものですから、日本語に移された「次元」その他の学術語は、意味の重層性を持っていない。平坦な一つの意味しかない。ただ、一つの語を一つの意味にすると利点がある。

そうすると学習がラクです。一晩で五百の概念を習得して、五百の概念を積み上げて答案を書くことができます。おそらく一八六〇年、七〇年のイギリス人、アメリカ人に比べて、日本の大学生のほうがはるかに学習のスピードは速かったと思うんです。明治初期の札幌農学校の学生だった新渡戸稲造（にとべいなぞう）の回想にあるように、スペンサー（一八二〇〜一九〇三。イギリスの哲学者、社会学者）の社会学が一番と決まったら、スペンサーの『ソーシャル・スタティックス』（一八五〇年）をきちっと読んで、意味が全部確定してますから、「スペンサーの何頁は？」というと、定義を全部言うことができる。その仕方でカントやヘーゲルを勉強した人がドイツに行って帰ってきて、「もはやドイツには学ぶことがない」と言ったら、東大で哲学を教えていたケーベル（一八四八～一九二三。ドイツの哲学者、音楽家。一八九三年東大講師として来日。二十余年間、哲学を講じた）はそれを聞いて口あんぐりで、日本で教えるのがいやになってしまった。ケーベルがいやになったというその気持ちが、日本で勉強してドイツへ留学した哲学助教授にはわからない。なぜいやになったのかわからない。彼には新渡戸ほどの想像力がなかった。

日本ではスピードと能率なんですから。用語が一語一義で、「マルクスはこう言ってる」。定義はピタッ。「レーニンはこう言ってる」。定義はピタッ。これをやったらえらいことなんです。水も漏(も)らさぬブロック積みができて、それで論争ということになったら、その論争はすごいですよね。堡塁(ほうるい)を築いてやるわけですから。

網野　ほんとにそうですね。

鶴見　問題はそこにある。

網野　これは日本の近代の学問が持っている基本的な問題でしょうね。歴史学のみならず。

鶴見　学術語の前の日本語そのままを使って行くと、一つひとつの用語に意味の重層性があって、しかも揺れがある。

網野　そのとおりですね。言葉そのものが生きてるわけです。

歴史的変化の中で揺れる文字の面白さ

鶴見　私は網野さんの『職人歌合』（一九九二年）を読んで感心したんだけど、「村」や「町」や「けがれ」という言葉は、みんな意味の重層性があるでしょう。しかも揺れてますよね。「けがれ」というのは十四～十五世紀に逆転する。聖なるものから世俗のものへと。そこには意味の重層性があって、逆転して別の意味になっていく。そういうところが面白いと思いましたね。この本に、エルンスト・クリス(4)が引用されていたので、きょうのお話はここから入ろうと思ったんです。

網野　そういうことでしたか（笑）。

鶴見　クリスは、論文集を見ますと、歴史に「無意識」というものを巧みに持ち込んだ初期の人なんですね。オーストリア人で、ナチ・ドイツを逃れて亡命しています。たとえば、中世のガーゴイルというのがあります。ノートルダム寺院の屋根の先にくっついている怪物です。それの意味の変容という問題をクリスはとらえているんです。ものとか絵図とか、そういうものをやっていくと、ピンでとめるようには意味はとれないわけですし、簡単に一つに定義できない。時代とともに読み取り方が変容していきます。

クリスは亡命してきてから、アブラム・キャプランという当時二十代のアメリカ人の学者と組んで、「美的曖昧」という論文を書くんです。これは私には大変に影響があった論文なんです。日本の学術語の一語一義というのは、曖昧を排除するわけですね。たとえば、クリスとキャプランの論文に出てくるのですが、「原子」という言葉があります。デモクリトス（前四六〇頃～前三七〇頃。ギリシャの哲学者）、ルクレチウス（前九四頃～前五五。ローマの詩人、哲学者）が「原子」という言葉を使っています。変幻する世界を構成している不変の小さなものを想定して「原子」と言っているわけですが、それがずっと続いてきて、J・J・トムソン（一八五六～一九四〇。イギリスの物理学者）が出てきて、原子核と電子の関係はどうなるのか、それを測定するところまでいって、さらにJ・J・トムソンからラザフォード（一八七一～一九三七。イギリスの物理学者）に行く。デモクリトスからラザフォードまで同じ「原子」という言葉が使われているんですが、その意味に揺れと曖昧さがある。幅を狭くしていくんです。精密に、一義的に決まっているという術語でさえも、その意味の確定に二千五百年の時間がかかっている。それがクリスとキャプランの論文に出てくる「科学的曖昧さ」（「美的曖昧さ」と区別される）なんです。これも歴史学ですよね。歴史学を科学史のパターンとしてとらえている。

学術用語についてさえそういう問題があるんですね。一つの語に違う意味が入っていると、「学術語は曖昧であってはならない！　この意味に決まってるじゃないか！」なんてデカい声で叱られたりするのと、全然タイプが違うんですよ。

網野　おっしゃるとおりですね。

鶴見　そういう問題をクリスは提起したんです。そこが面白いですね。

私は網野さんの本で面白いと思うのは、一つの語の意味の重層性というのがあって、歴史の中の変化が起こるところでとらえていくという方法ですね。さらに服装とか身振りを対象にすると、さらに意味の重層性は避けがたくなる。「階級」の定義はどうだとか、「市民社会」の定義はこうだとか、ピンでとめるようになるわけないでしょう。さらに絵解き(えとき)の問題は、どうしても意味の重層性と揺れという問題を含まざるを得なくなりますね。私にとってはそこが面白いですね。

ひるがえってみると、文字そのものにも重層性があるわけで、日本語の場合、漢字、漢字まじり文、片仮名、平仮名の四つあって、それぞれ、置かれている状況と使い方が区別されてますね。おそらく語り口の問題というのがもうひとつあって、これを入れていくとさらに複雑な展開になっていくと思う。こうして文字そのものにも重層性を考慮に入れていくという、そこが面白いですね。それが網野さんの史学が私に訴えるゆえんです。どうしてそこまで来られたのかということが、私には興味があったのです。

網野　卒業論文を反面教師にしてやり直しを始めましたときに、それまで使っていた歴史学の学術用語に非常に懐疑的になりまして、たとえば「農奴」「隷農」とか「奴隷」とか、それに基づいた「奴隷制」「封建制」「領主制」などの概念がありますが、その概念を使う気になれなかったのです。自分自身の言葉になっていない。そう考えて、そういう用語を使わないで、研究ノートをまとめて学会誌に投稿しますと、ボツになるんですね（笑）。

最初のころは「注」をつけないで、ある小さな荘園の現地に生きた人間や荘園にかかわった人間をとらえていきたいと思っていたのです。ですからそういう学術用語を使わないで、私のとらえた限りで歴史を描いてみたい。そしてほんとうに自分のものになった学術用語を使うようにしたい。遠回りのようだけれどおそらくそれがいちばんの近道だろうと考えながら書き始めたわけですが、それで投稿するとボツになるんです。

日本の学術語が持っている宿命的な重層性のなさのひとつの例をあげますと、たとえば前回にも大分話しました「百姓」という言葉。これは実に長い歴史と重層性を持っているわけです。ところがいつからか「百姓イコール農民」と決めてしまった。これは十六世紀ごろからはじまっていますけれど。宮田登さん（民俗学者）や加地伸行さんに教えてもらって江戸時代の『和漢三才図会』[5]を見ますと、「農人」「農夫」のところに「俗に百姓という」と書いてあるんです。つまり世間ではもう農人を百姓といっているのですね。ただ、編著者の寺島良安（江戸中期の医者）は、百姓は四民の通称なのだから、農夫を百姓というのは「非也」としているのです。

鶴見　「百姓は誤りなり」と書いてあるんですか？

網野　「非なり」と書いているんです。言葉にこだわっている江戸の学者は、まだ「百姓」とは四民の通称であることを知っているから「農民」「農夫」と「百姓」とが同じではないことを知っているんです。ですから、こういう言葉の重層性が決定的に消えるのは近代以後の教育だと考えざるを得ないですね。それにさらにマルクス主義の影響もあって、「隷農」「農奴」「小作農」「地主」「富農」「貧農」などの言葉も付け加わって、それこそブロック積みになってくるんですね。

鶴見　重層性を消すと、船がバラスト（船体を安定させるために重しとして積まれる水）を捨てるようなもので、論文をつくる船足が速くなるんです。スピードと能率が上がるんです。

網野　いつひっくり返るかわからない。

鶴見　そうそう。一語一義にすると非常に能率が上がるんです。受験に適した言語になるんです。採点するにもとても便利ですよ。揺れも何もあったものじゃないんだ。あれは大学生の大量生産にきわめて便利です。そういう言語ができちゃうんです。船足が速くなるかわりに、状況の転換期にひっくり返っちゃう。皇国史観も戦争が敗戦となって終わった。知識人の世界ではナチス流のものは全部終わって、今度はマルクス主義になって、ソビエトが消滅するとまたひっくり返った。高度成長流の用語も、バラストなしだったらまたひっくり返るでしょう。流線型（りゅうせんけい）にしてスピードを上げていくということのおそろしさですね。

山中共古と『東京人類学雑誌』

網野　マルクス主義のみならず、西周から始まる日本の近代の学問全体にそういう傾向がありますね。ただ、明治期の学者は決してまだそうはなりきっていないですね。たとえば中田薫（なかたかおる）さん（明治・大正・昭和期の日本法制史学者）はその一人だと思うんです。聞いたところによると、中田さんは戯作者になるつもりだったそうですね。だから江戸の文学に精通している人ですし、その上、漢学の素養もある。外国語も非常に広い範囲で知っている。だから「けがれ」についても、ギリシャの「けがれ」から始まって、諸民族の「けがれ」を比較した堂々たる論文が出てくる。それだけのものを持っているわけです。

ですから用語についても、あの段階ではまだ慎重ですね。ヨーロッパでみられる事象と日本の事象とはよく似ているわけですが、そういう似ているものをどう学術的に表現するかについて、中田さんは苦労していますね。しかし定義を与えて学術論文にすると、必ずそこからはずれる余分なものが残る。それを余論とか、雑筆、漫筆などの形でまとめられている。いま読むとこの余論が実に面白いんですね。

一例として中田さんをあげましたけれども、そういう学者は、明治の段階では、たとえば福田徳三（明治・大正・昭和期の経済学者）や内藤湖南（明治・大正・昭和期の東洋史家）など歴史家でも何人もいます。この時期の人はそれだけのものを持っているんですね。それが大正、昭和期になりますと、大きく変わってきます。

山梨の話で思い出したんですけれども、山中共古[6]という、私の義兄の中沢厚が強い影響を受けた人がいます。明治の初めの古いクリスチャンで、牧師になり山梨にきまして、『甲斐の落葉』(一九二六年)という本を出しています。民俗学の草分けの仕事をやった人なんです。この人が『東京人類学雑誌』に一貫して投稿しているんです。当時は「土俗学」という表現をべつに悪い意味ではなくて民俗学の意味で使っていたんですが、山中がそういう土俗学のレポートを投稿すると、『東京人類学雑誌』はちゃんと載せているんです。中沢厚に山中が死んだとき『東京人類学雑誌』は必ず何か載せているに違いないから調べてくれとたのまれて、私、その雑誌をずっと繰ってみたんです。ところが、死んだときには一言も触れていないんです。

鶴見　面白いですね。

網野　ある時点から『東京人類学雑誌』の論文が学問的になってくるんですね。いわばアカデミックになってくるんです。それと同時に山中共古の投稿は載らなくなるんです。その流れの中で、山中が亡くなったときも彼の仕事には一言も触れなかった。長いあいだ投稿してきた人の仕事に一言も触れない。

鶴見　牧師でしょう?

網野　そうです。

鶴見　もしその人が東大教授で勲一等をもらっていれば、いくら古めかしくたって記念しますよね。

網野　もちろんそうです。そのへんの境になるのが大正期の終わりになってからだと思います。学問の質がその時点ぐらいから明治の時期とは変わってきますね。

鶴見　内藤湖南よりもっと前になるけど、中江兆民[7]の『三酔人経綸問答』（一八八七年）は、バラストのある用語でなければ、あの対話は書けないですね。兆民というのはフランスで勉強した人で、洋学者ですが、どうして『三酔人経綸問答』ひとつが対話編として傑出しているのか。この百二十年間で孤立してるでしょう。孤立してものすごくいいですね。大正・昭和にたくさんの人が対話風のものを書きますけど、それをしのぐものはないし、並ぶものもないでしょう。相当学力のある人でも対話編が書けなくなった。それは用語が洗練されてきて、バラストがないということとかかわりがあるような気がしますね。バラストがない言葉になると、最新の文献を読んで意味が一義的に決まってますから、どうしても先生と生徒の対話になる。先生と生徒の対話は面白くないですよ。

いま崩れようとしている「百姓は農民」像

網野　マルクス主義の歴史学だけではなくて、近代以後つくられてきたこれまでの日本の社会像、歴史像は、いまや音を立てて崩れていますね。前回にもふれましたが、その大もとは、「百姓イコール農民」という思いこみが誤りであることが明らかになった点にあります。

鶴見　百姓という言葉の意味は、文字どおり、百のさまざまな姓(せい)ですからね。

網野　そうなんです。

鶴見　違う方向を指しているんだけど、「これは農民」ということで一義的に定義しちゃったから、話がそうなった。

網野　そういう思い込みを日本人がいつから持ちはじめたかは、簡単に解ける問題ではないですね。考えていくといろいろなことにぶち当たるんです。

鶴見　『職人尽絵(しょくにんづくしえ)』は面白いですね。違う職種を尊重していて、繰り返しそれを絵に描いてきたことと、「百姓イコール農民」という考え方が対立しますね。

網野　『職人歌合』は農本主義とは異質だと思います。ただ日本列島の社会は中国の文化圏の中にあるから、強烈な農本主義が絶えず入ってくるということがあるのですね。

渋澤さんが面白いことを言っていますね。海に囲まれていながら、水産史、漁業史が日本で盛んにならない理由のひとつとして、渋澤さんは漁民出身の学者がいないからだともいうんですが、渋澤さんがもうひとつ強調しているのは、西欧には水産史、漁業史があまりない。日本の学者は横文字の文献にヨワいから、おのずとそうなったのではないか、ということを言っているんです。これは確かに大きな意味があると思うので、中田薫さんにしても横文字文献は非常にたくさん読んでいるわけですけれども、この制約からは抜け出ていない。つまり西欧の近代史学自体、その根底に農業中心の傾向がある。少なくとも歴史学に関しては水産史、漁民史などにふれた洋書は日本には紹介されていないわけです。この点はマルクスも同様で、『資本論』の中で漁業のことは多少は触れられていると言えるでしょうけれども、基本的に農業中心ですね。レーニンも同様でしょう。そういう西欧の学問の影響も、「百姓イコール農民」という思いこみの背景に考えざるを得ない。大塚久雄さん（昭和期の経済史学者）の「農村の織元（おりもと）」「独立自営農民」も、その実態は農村・農民というだけですまないものがあるのではないでしょうか。この辺にも大きな問題があると思います。

ただ私は、一九九二年秋、十日ほどフランスへ行ってつくづく思ったんですが、あれだけ広大な麦畑が広がっている大陸と、日本の自然とはまるで様子が違うので、ヨーロッパならこういう農業史が生まれてもちっともおかしくないなとも思ったたんです。ロシアだって同じでしょう。

　このようにいろいろな要因が積み重なって、現代日本人の農業中心の日本社会像が出来上がってしまっているわけですから、これをひっくり返すのは本当に容易なことではない。繰り返しになりますけれど、律令（りつりょう）以来、千三百年間の国家の歴史を相手にするわけですからね。日本の国家は中国の文明を学ぶところから出発したわけですが、この文明が農本主義だったことが、のちのちまで、大きな影響を与えることになります。しかし中世は社会の実態がいちばん見えやすくなる時期なんです。中国の影響はありますけれど、日本列島では国家の力が非常に弱い時代ですからね。それでも荘園公領制（しょうえんこうりょうせい）の税体系は土地税が基本になっています。江戸時代は再び中国の儒学の影響が強烈に入ってくる。それと、いまのお話にあったように言葉の重層性を持たない学術用語でヨーロッパの学問を受け入れた。それが全部重なっているわけです。

　しかし、最近の実感としては、こうしてつくり上げられてきた歴史像がいまや瓦解しつつある。すでにその相当の部分が虚像だと考えざるを得なくなってきたと思います。私自身も最近まで江戸時代については「百姓イコール農民」でいけると思っていました。ところが、江戸時代の史料を読み直すと、新しいことがいくらでも見つかります。百姓のなかには商人や廻船人がたくさんいる。いまごろ気がついたのかといわれるでしょうけれど、私はこれで歴史像は必ず大きく変わると確信が持てました。その意味では、非常に面白い時代になってきたなという感じはあります。「奴隷」や「農奴」のような言葉は、自分自身の言葉にまったくなっていない。そういう言葉でいくら議論をやっても何ひとつ生まれないんじゃないか。重層性のない学術用語を組み合わせてやってきたそれまでの議論がまったくわからなくなり、むなしくなった。これがさきほど申し上げたコケたときの私の実感だったんです。そこから出発して四十年たってどうやらここまできたということですから、まったく愚鈍な牛歩だったことになりますけれど。

鶴見　ある人からお土産にもらった一ドル五十セントの本があるんです。ジェームス・ロードという人が書いた『ジャコメッティの肖像』という本なんですが、これをお土産にもらったことを私はとても感謝しているんです。魂の底に届くような光があるんですね。ジャコメッティ[8]が肖像画を描いている相手と繰り返し対話をしてるんです。ロードは、その対話を家に帰るとすぐに書いてるわけです。十八回分の対話を書いている。ジャコメッティとしゃべったことを記録している。そのあいだ絵がどうなったか、中間的な絵の状態の記録が全部あるんです。とても面白いですね。ジャコメッティは自分の目で見えるものを描こうとして近づくけど、たえず失敗する。塗り直してまた描く。また失敗する。完成することがない。どの絵も未完成で最後には「持ってけ」ということになるわけです。その問題は歴史記述と深い関係があると思います。

網野　と思いますね。

鶴見　億、兆という人が違う仕方で見ていたわけでしょう。もっとひろげていけば、犬、猫、馬など別の生物も。歴史というのは、一方ではものの運動という時間を超越したものがあるはずなんですが、それは神の目でとらえている見方だ。共産主義国家になると神の座に権力者が座って「これは科学的だ！」という話になってしまう。私は石母田さんを尊敬しているんだけど、石母田さんの『歴史と民族の発見』を読むと、ロシア革命が起こったときに「科学が政治にとってかわった」と書いてある。これはこれは……と思いました。前の網野さんとの話の繰り返しになるようですが……。つまり、彼は哲学的に素朴な人なんです。そう思った（笑）。でも、それは具合悪い。権力が神にとってかわるわけですからね。

億、兆の目の中で見えたものはどうなるのか。ジャコメッティは一人の人間を描くのだって不可能だと言っているんですから、要するに、社会の最終の像をつくるのは不可能です。その時代のその当人にとってどう見えていたかということに肉薄していかなければいけない。歴史を生きる当事者の目、何が見えて何が落ちているか、それに肉薄していくことが重大だと思うんです。

いま見えている一人の人も描けない、俺は未熟だ、自殺しようか……と思っているジャコメッティのような絵描きがいる。彼にとっては自分が有名であることが何のなぐさめにもなっていないんです。この人は慢性鬱病です。こういう人がいることを歴史家はどう考えるのか、という問題がありますね。

襖の下張りに潜んでいる事実

網野　石母田さんという方は、変節したとか、前と意見が違うと言われている人ですけど、史料をもう一度読み直して、いままでの自分の考えと違っていたときに、それを直す力を持っていた人だと思う。自分で何かを表現するときには、ある形をはっきりつくって出される歴史家です。生のものを感じ取る力が強い人で、『平家物語』（一九五七年）は石母田さんが書かれたものの中でも非常に評価が高いのです。だから晩年の石母田さんは、歴史像が大きく変わることを予感しておられたと思いますよ。亡くなる直前まで、これから近世を自分の目で勉強するのだといっておられましたからね。

実際、一度史料を読んだだけで全部がわかるなんていうことはあり得ないので、何べんでも何べんでも読み直す。そのたびに自分が過去に線を引いたところと違うところが目に入ってくる。新しく史料を読み直したところから出来上がってくる歴史像は、前とは大きく変わってくるわけですね。これは、たぶん永遠にそうだろうと思います。

その点、渋澤さんは偉い人で、自分は学者ではないので――本当は大変な学者ですが――、後世の学者がどういう関心を持つかわからないから、自分は史料を選択しない、史料をできるだけ完全な形で漏れなくすべてを提供する、これが自分の生涯の仕事だ、ということを繰り返し言っています。実際に渋澤さんの主宰した日本常民文化研究所が長年やってきた仕事、刊行物は、基本的にすべてそういうものになっているんです。

渋澤さんが戦前、『豆州内浦漁民史料(ずしゅううちうら)』という伊豆の大川家の史料を、部厚い古文書集にして四冊出されたときに、それを柳田国男さんが見られて、「いちいちこんな史料にこだわっていたら学問なんかできない。選ぶ基準をつくって、大事なものだけ取ってきて、あとは襖の下張りか、リンゴの包み紙にして捨ててしまえ」と言われたんです。ずいぶん大胆なことを言われたと思うのだけれども、柳田さんはそういう姿勢をお持ちの方なんですね。

亡くなりましたが、一志茂樹さん（大正・昭和期の郷土史家）という『信濃』という雑誌を長年、主宰、編集してこられた方が、信州の北安曇郡のことわざを集めて、それを柳田さんのところに持っていったんです。そのことわざが何千とあったらしいんです。ところが、柳田さんはそれを見て、「こんなことをやっていたら、日本の民俗学なんていつまでたってもできない。すでに出版されていることわざ辞典にないものだけを持ってこい」と言った。一志さんは腹を立てて柳田さんと大ゲンカするんです。「俺は柳田から破門された」とよく話していました。

当時、民俗学は文献史家からほとんど顧みられていなかったのが現実だったと思うんですが、それだけに柳田さんは、新しい学問を自分の力でつくるんだという大変な緊張をお持ちだったと思うんです。そして実際に立派な学問をつくられたことも確かなんですが、史料に対する姿勢からいいますと、中村吉治さん（日本経済史学者）が「私は断じて渋澤流をとる」と言われていますけれども、私もまったく同感です。

前回、鶴見さんにお話しした能登の「時国家」（石川県輪島市に上下両家がある）の調査で、あれから一年たったのですが、大発見がありましてね。これまで七、八年、襖の下張りの小さな断片まで袋に入れて整理をしてきたのですけれども、最終段階で襖の下張りの文書に到達しましたら、「上時国家」が江戸の後期に北前船を四隻持っていたことが初めてわかったんです。「下時国家」も持っていたようです。これにはびっくりしました。「時国家」の蔵の中に保存されていた文書の江戸時代のものはほとんど整理したのですが、それではこのことはほとんどわからなかった。ところが、襖の下張り文書にとりかかって初めてわかったのです。領収書とか仕切（売主が商品の数量や代金などを買主に送る送り状）とか、直ちに捨ててしまってもよい文書がたまたま襖の下張りにされて残っていたんですね。金融業を「時国家」がやっていたこともそれでわかったのです。廃棄されてしまう文書からみえる世界は、蔵に保存された文書から見える世界とは大きく違うこともこれではっきりわかったのです。

「時国家」は、いままでは大農家、豪農だと思われていたんですが、じつは大商人でもあったんですね。北前船で大坂から松前（北海道）樺太まで往来して千両以上の取引を通して、一隻が年間三百両ぐらいの純益をあげていたことが、わかったわけです。だから史料を襖の下張りかリンゴの包み紙にして捨ててしまうことがいかに恐ろしいことかが、これでよくわかりました。

史料の読解は、ある意味では無限の作業で、若いころに読んだものをいまの年になって読み返してみると、気がつかなかったことがいっぱい出てくるんですね。次から次へとものが見えてくることの面白さ。ですから私は鬱病にはならないですね。新しいものが見えると、「ワーッ、見えた見えた！」と喜んでしまうほうですから（笑）。私はその点まことにオプティミストでして、新しいことがわかると喜んじゃうんです。

鶴見　大学制度の研究で、明治以後落第した人間の下張りがあったら、とても面白い問題ですね（笑）。合格した首席の者だけが残っていたってつまらない。歴史で、「こうしか書けない」なんて考えるのは東大を首席で合格したのと同じ。一番の答案だけじゃなくて、落第した者を見ると、日本の学校制度は浮き上がってくる。歴史の書き方だってものすごくたくさんあるはずなんです。ジャコメッティの嘆きを持っていない歴史家がいるということが、本来、不思議なんです。

網野　ほんとにそうですね。私はいま神奈川大学の日本常民文化研究所で、真面目で立派な若い人たちと一緒に仕事をしているんですけれども、襖の下張り文書というのは本当に小さな断片なんです。切って貼ってありますからね。それを一片一片、封筒に入れて、表紙にその内容と表題を書くなんていうのは気が遠くなるような作業でして、もう八年目になりますけれども、東大の首席合格者だったらやってくれないでしょうな、こんなことは（笑）。

「時国家」が北前船を四隻持っていたというのは、私が発見したわけではなくて、泉雅博さんという長年一緒にそういう仕事をしてきた人の発見なんですけれども、もうひとつびっくりしましたのは、「時国家」の田畑の帳簿では、何畝かの田畑をもらって耕作しているにすぎない友之助という下人、つまりこれまでは奴隷、農奴ととらえていた人が、実際には「時国家」の北前船の船頭だったことがわかったんです。船頭友之助として千両に及ぶ取引をやってるんですね。襖の下張り文書の世界では北前船の船頭で、経営の才能があり、相場を見て取引をやるだけの力量のある人物が、蔵に保存された文書の世界では「時国家」の貧しい小作農に見える。これには感動しました。これも関口博巨さんという若い方の発見です。これは去年わかったことですから、この前お話ししたときにはわかっていなかったのです。襖の下張りまで大切に整理してきて本当によかったと思ってるんです。「時国家」のイメージは完全にひっくり返りましたからね。

百歳生きてきて、「うれしいような、悲しいような」

鶴見　魚を一匹釣るという行為と、日本の学問とのあいだの血管が詰まってるんですね。

網野　そうかもしれませんね。

鶴見　循環がないんですよ。そのことがどうやって少しでも回復できるか。襖の下張りの問題もそうですし、ヨーロッパからいちばん先進的な学術語を持ってきて、それを一語一義にした問題も、ここから解放していかないと具合悪いでしょうね。

網野　ただどうなんでしょう。ドイツ語の「バウエル bauer」という言葉に「農民」という意味があるんでしょうか。

鶴見　「ペザント peasant」と「ファーマー farmer」の区別は、ヨーロッパにはあるんです。

網野　アメリカは広大ですから、みんなファーマーでいいということですか。

鶴見　わからないところを取っちゃったわけで、先住民に土地税を払ったら大変だったでしょう。ロードアイランドでは先住者と約束してお金をはらってそこに入ったけれど、他のところではほとんどただ同然で追っ払ったんですから。アメリカの「ファーマー」というのはわりあい金持ちだし、「ペザント」というのはほとんどないんです。私がアメリカに四年いたあいだ、「プーア・ホワイト poor white」というけれども、「ペザント」という言葉はアメリカ史についてはほとんど聞いたことがないですね。建国百年ぐらいになってきて「プーア・ホワイト」というのが出てくるんです。だけど、それははじめにあった概念じゃないんです。ヨーロッパ史、つまりフランス革命についてアメリカ人がはなすときに「ペザント」が出てくるんです。

網野　明治のときの翻訳の仕方の問題がありますね。

たとえば「公界(くがい)」という言葉にしても、もちろん中国から入ってきた言葉ですが、日本の社会の中に生きていた言葉で、「世間」という言葉も江戸時代にあった言葉です。ところがこれが学術用語でいうと、たぶん「社会」という明治以後に新しくつくられた言葉に流れ込んでしまうと思います。翻訳の結果、重層性が消えていく。「社会」という言葉に翻訳が到達するためにいろいろな経緯があったようで、その段階にはそれなりに苦労をしてきたと思います。明治時代の学問には重層性を大事にする意識がまだ残っていたと思うんです。

鶴見 その前の言葉が日常語として残っているからでしょう。

網野 そうだと思います。

鶴見 ある人から聞いた話だけど、昭和のころ、京大生が下宿に集まって「さァ、これから denken（思惟(しい)）しよう」（笑）。そこでガラリと変わるんですよ。ヨーロッパ語を使って、それに対応する学術語を使うと、一語一義できちんと押さえられる世界に来る。だから一義はなかなか有効でもあるんです。一応、定義しようということですからね。その「一応」がなくて、永遠に決着しちゃう。それがおそろしいですね。近ごろの学生は、マルクス主義が崩れてから、「一応」ということを連発するでしょう。昔は「絶対」と言ってたのが（笑）。

網野 それはいい兆候(ちょうこう)です。

鶴見 まだ私が同志社大学にいる時だから、二十五年ぐらい前ですけど、学生にたのまれて京都から仙台の東北大学に行ったんです。座ってたら学生が「鶴見さんに一応来ていただいています」と言ったんです。京都から仙台までよんでおいて「一応」ですよ（笑）。びっくりしましたけど、よくよく考えてみると、私流の哲学からいえば、これはとても望ましい変化なんですね。つまり学生が押しつけないわけです。

網野　確かに学問というのは「一応」だけれども、何か定義しなければいけないし、ある制度をどう表現するかについては、言葉をつくっていかなければいけないと思うんです。

鶴見　「一応定義」して、やるだけやってみて、はみ出したものが出てくる。つまり剰余(じょうよ)がある。その割り切れないものが大切かもしれない。

網野　そうなんです。だからさきほど申し上げた中田薫さんの「余論」「漫筆」というのは実に大事なことで、中田さんは定義からズレるものがあるということをちゃんと知ってる人なんです。

鶴見　正しい定義をすれば割り切れるはずだと思っているのは、それは可能な理論としては正しいのです。神の目から見ればそうかもしれない。しかし、神がいるということを定義によって証明できるわけはないんだから、人間として考えれば、「一応定義」して「残余(ざんよ)」が出る。その残余の中に重大な問題があるかもしれない。こっちのほうがいいんじゃないですかね。

網野　これまでの日本の歴史学が切り落としてきてしまったものがものすごく多いということが、ようやく見えてきたのが現状ですね。これまでの歴史学が、これまでの学術用語で定義してきた世界は実態の五〇パーセントまでいっているかどうかの状況で、残余の五〇パーセントの大切な部分は、学術用話すらない状態のままほとんど切り捨ててきてしまったことになります。

鶴見　天野忠（詩人）の『春の帽子』（一九九三年）という随筆集の中に、こういうことが書いてあるんです。きんさんぎんさんが、テレビで「うれしいような、悲しいような……」という。百年間を生き抜いてきても、つまるところはそんなところかと思います。「わかるような、わからんような気がします」（笑）。これ、なかなかいいでしょう。

網野　「うれしいような、悲しいような」というのは、実にいい……（笑）。

鶴見　どこかに一義的に決定できるというのはおかしいですよね。私はウィーン学団の論理学を学生のとき学習してきたんですけど、ウィーン学団そのものの考え方がアメリカやイギリスに亡命してからだんだんに揺らいできて、がんこなカルナップ（一八九一～一九七〇。ドイツ生まれ、アメリカの論理学者）にしても揺らぎ出した。全科学を支える単純知覚命題（たんじゅんちかくめいだい）があるという想定で一九三〇年代のウィーンから起こった学派ですけど、派は大体三十年間で変わってきちゃうんですね。ライヘンバッハ（一八九一～一九五三。ドイツ生まれでトルコさらにアメリカに亡命。哲学者）は、自然科学全部を支える単純知覚命題とは断言形（だんげんけい）でなくて、白い点があるか、白い点らしいものがあるか、どちらかだという選言命題の形をとる、というんですね。最後まで行って選言命題に達する。それは幻かもしれない。だから一個の単純命題が並んでいてがっしり科学を支えるということはない。

「うれしいような、悲しいような」「わかるような、わからんような」というのは選言命題なんです。科学者になったことによってそこから離れることはできない。離れることができると信じる立場は科学哲学として具合が悪い。

鄭詔文（高麗美術館理事長。一九二五・大正十四年ごろ一家で渡日）という人物がいるんです。『日本の中の朝鮮文化』という雑誌のためにお金を出し続けた人です。丁稚奉公から始めて、パチンコ屋を経営してお金をつくり、そのお金で高麗美術館をつくった。鄭詔文は昔、朝鮮総連で要職につき、その要職からわりあい早く離れました。その人が亡くなって五周年の会があったんですけど、その会で金時鐘が「鄭詔文さんは総連の要職の地位を占めているにもかかわらず、私に対してあたたかい眼差しを向けてくれた。ときどき話をしてくれたが、『本当のことはわからんな。五十年、百年たってわかるかもしれんな』と言っていた」と言うんです。つまり、北朝鮮（朝鮮民主主義人民共和国）の立場から「これは正しい」というものに、金時鐘はいちはやく背を向けた。鄭詔文はそこに残ってちょっと斜めになっていたという感じなんです。それはつまり、選言命題は絶対的に排除できないという態度です。その態度を排除しちゃったところは、科学そのものから来るのではなくて、要するに権力欲のひとつのあらわれにすぎない。

網野　渋澤さんという人は、漁業関係について書かれた論文はいまでも十分通用する立派なもので、大変な学者だったと思うけれども、さきにもふれたように「俺は学者じゃないんだ」と絶えず言い続けていました。お金持ちで実業家であることをはっきり自覚していた。だからむしろ並みの学者よりも後世に大きな影響を持ち得たという感じがします。

鶴見　俺は学者だと思うことによって選言命題から手が切れると思うのは、基本的に間違っている。

網野　そうだと思います。

鶴見　荻生徂徠（おぎゅうそらい）（江戸中期の儒学者）に、「学問は歴史に極まり候」というのがあるけど、なぜそういう見方が成り立つかといえば、問いが問いを生み、その問いがまた問いを生むという形で歴史を記述することが可能だからですね。常に何らかの疑いの留保をつけない断定は無理です。断定が断定として、ここで永遠決着がついたという仕方でやるのは、大体マユツバものですね。

網野　ほんとにそうだと思います。歴史というのは、まるで予想もしなかったものが次から次へと見えてくるのが面白いんです。

鶴見　その用意が皇国歴史家にはなかったし、戦後のマルクス主義史家にもなかったということですね。いまの高度成長史家はどうなんでしょうね（笑）。

網野　高度経済成長にのっかって遊んでいるところがありますね、高度成長史家は（笑）。

十四世紀にあった「手形」システム

網野　話がとびますけれども、明治以降になって日本は外国の為替（かわせ）とか手形（てがた）などに巧みに対応できたという話が前回出ましたね。考えてみますと、日本では為替手形ともいうべきものが、十四世紀から流通してるんですね。当時は「割符（さいふ）」といいましたけれども、この手形を買って、それを京都のほうに送ると、京都や堺で銭に替えられるというシステムが、十四世紀から確立しているんです。南北朝（なんぼくちょう）動乱に入る前からです。面白いことにコメも手形になるんです。これは「替米（かえまい）」といって中世前期からあり、江戸時代にも出てきますけれども、コメは普通の穀物とは違って貨幣や手形にもなるわけで、江戸時代も含めて、日本の信用経済というのは相当高度なところまで行っていたに相違ないんです。

鶴見 一八五三年から世界の海に乗り出して、日本人が世界の市場でだまされないで来たというのは驚異ですよね。

網野 確かにいまから見ると驚異なんですけれども、十四世紀からこういう訓練を荘園や村のレベルまで長年にわたってやっていたわけで、そう考えると驚異でも何でもないんですね。十分な蓄積を持っていた。それを現代の日本人は自覚していないんです。たとえば「切手」なんていうのは古い言葉だし、「手形」だって非常に古い言葉です。「仕切」や「相場」もそうですね。中世のある時期から出てくる言葉を、日常生活で実際に使っているわけですけれども、日常生活でそういう相当のことをやってきたという意識を、日本史の学者は自覚していないような気がするんです。むしろ重層性のない言葉、西欧語の翻訳の学術用語で構築された議論に、大きな価値を置き続けてきたと思いますね。

為替手形のことがわかったので、いま興味を持ってるんですが、当然、不渡り（違い割符）が出ます。こういう訴訟についてはは公権力はあまり保証しないんです。まだよくわからないのですけれども、これを保証している組織が公権力とは別にあったみたいなんですね。それが前回にちょっと話にでた中世では「悪党」、「海賊」といわれた人たちの組織だと思うんです。

鶴見　ああ、なるほど。

網野　公権力とは独自に、もめごとを解決して実力行使をするわけですから、公権力としては非常に具合の悪いときも大いにある。そうすると悪党、海賊という形で排除しようとするのですけれども、調べてみると、これは神人とか山僧などに遡る人たちで、神人たちは独自な裁判で判決を下しているんですね。もめごとがあったときに出て行って、礼銭、賄賂をもらって実力で解決をしている。そういう組織と博奕打、悪党と博奕打は切り離しがたい関係があるんですね。現在も手形の割引のときにはいろいろあるのではないですか。

鶴見　大前田英五郎（幕末・維新期の博徒）のバクチ場の割符は上州でひろく貨幣の代理として通用したというんですね。

網野　私は以前に天皇のことを少し取り上げたら、天皇制擁護論者にされたけれども、「今度はやくざ擁護論者にされて叩かれるぞ」と友人に忠告されました（笑）。しかし真面目な話、そのへんのことがようやく少し見えてきたんです。「悪党」、「海賊」への公権力からの弾圧はきわめて執拗で強烈なんです。でもダメなんです。「悪党」はなくならない。国家が管理したいけど、できない。管理すること自体に無理があるんですね。「悪党」、「海賊」は私は前から気になっていたのですけど、最近、初めてその役割と意味がわかったような気がします。十三世紀後半ごろから、強引な弾圧を幕府、公権力がやったにもかかわらず、「悪党」といわれる組織は生きつづける。そして十五世紀になると、商人や廻船人の組織は自立的に整備されてくるけれども、そのときも博奕打がそれと結びついていたのではないでしょうか。博奕に対しては古代から、江戸幕府まで弾圧をしているけれども決してなくなりませんね。公権力も商人のネットワークや博奕打までその中にとり込もうとしていると思うのですが、もちろんそれもできない。こういう問題は、江戸時代の中でほとんど調べられていないと思います。博奕打の組織は単に博奕をやるだけでない、なにかの社会的機能を持っていたと思いますね。

鶴見　学術用語を決めて、一語一義にして整理して、バラストをおろすと、内臓による記憶というものから学問が無関係になります。

網野　おっしゃるとおりです。

鶴見　それを考えると胃が痛むとか、キュッと体が反応するということとはまったく無関係に、学問を一括して運転できるようになる。歴史学がそうなると、歴史学の運命にかかわる大きな変化がおこる。

網野　そうだと思います。

鶴見　それは広く統計を使うとか、史料を見るかどうかということと無関係なんです。バラストなしでアナール学派を学習したらどうなるかというと、これはおそろしい。ものすごく早く成立できるようになりますからね。内臓による記憶を重大視しないということになると、女性について書いていても女性の感覚は排除される。子供も。学者でない人間は外に置かれる。いろいろなものと結びつく回流がなくなるんです。

明治以後の民間史学の面白いところは、福地桜痴(ふくちおうち)（源一郎、明治期のジャーナリスト）のように役人として首を切られた人間にはそれがあります。山路愛山みたいに無禄移住した人間の恨みもありますよね。金持ちはみんなけしからんと書いていない。金持ちの面白味や役割をちゃんと書き込んでいる。しかも金持ち万歳にはなっていない。そういう書き方は面白い。しかし、いまの歴史学はそれを継ぐかたちにならないで来てしまった。むしろソビエトの官僚の歴史に近くなってきました。山路愛山から堺枯川(さかいこせん)（利彦。明治・大正・昭和期の社会主義者）、そこまでは内臓による記憶があるんです。

網野　おっしゃるとおりですね。

鶴見　それが消えていって、むしろ最後まで残った小学校出身の長谷川伸（大正・昭和期の作家、劇作家）が、赤報隊の記録（『相楽総三とその同志』一九四三年）を書いたり、『日本捕虜志』（一九五五年）を書いた。長谷川伸が書いた歴史記録ものというのは面白いですよ。ああいうものを書き得たということ。それが講壇歴史家の裏側にある。大学卒でない歴史家はほとんどいなくなった一九九三年の現在の日本にとって、未来は暗いなあ（笑）。

しかも、明治の時代は、西洋史をやったり東洋史をやったりする人間が、目を転じて日本史をやったときに、内藤湖南の『日本文化史研究』（一九二四年）にしても、原勝郎（明治・大正期の歴史学者）の三条西実隆の生活を描いた『東山時代に於ける一縉紳の生活』（一九一七年）にしても、そこで新しいページを繰りますね。そういう面白さがあったけど、いまは「大学の国史科を出ているのか」とか。だいたい「国史」っていうのが変なんだけど（笑）、「博士号を持っているのか」とか。そういうことで話がついちゃう。未来は暗いねえ。

網野　いや、鶴見さん、そうでもないのですよ。最近はずいぶん変わってきましたから。若い人でも、初心に返ってやろうという人がいないわけではありませんので、そう暗くはないと、私は思ってます。たとえば言葉の正確な理解は、史料を読むときの基本ですが、言葉に対する関心が若い人たちの中にも高くなってきているんです。まさに内臓とかかわりのある問題です。それを考えながら歴史学をもう一度再構築しようという動きも出てます。ただ、そう簡単には変わりきれないだろうとは思いますけれどもね。とにかく千三百年の歴史を背負っていますからね。

「天皇制」という大きな図柄をどう読むか

鶴見 網野さんの『職人歌合』を見ていくと、天皇と商人、天皇と遊女……いろいろと関係があるんですね。そこが面白い。天皇制の絵解きというか、意味の揺れがあるでしょう。それが現在から未来にかけての重大な問題だという気がしますね。「天皇制というのは遅れた制度で、どんどん共和制に行くんだから、歴史の進歩の中で打倒すればいいんだ」というふうにはなかなかいかない。『職人歌合』そのものが絵解きでやっているんだけど、結局は天皇制という大きな図柄に対する絵解きであって、「天皇制は民衆から収奪したから地主の代表だ。けしからん。打倒しろ」というところに持っていけない。それは結局、網野さんの向こうにある問題ですね。『職人歌合』というのは、これだけ古くから天皇制と鋳物師とか木地屋とか、全部結び付けて自分を位置づけているでしょう。

網野　博奕打も天皇の官庁とつながっているでしょうね。非人も遊女もそうなのですけれど。そうですね、たぶん。非人、遊女、博奕打が天皇とつながっているというのは、考えてみると、構図としては大変おそろしい構図ですね。

鶴見　天皇制という絵柄があって、これに対してどういう読み解きをするか、それが大きな意味での日本史学の問題でしょう。

網野　根本問題のひとつだと思いますね。

鶴見　西田幾多郎[9]という人は、明治初期の自由民権運動の影響を受けた人で、高校生のときにストライキやって放逐されたり、大学も選科です。自分の中に鬱勃たる抵抗の精神があったことは確かで、それがずっとあるんですね。戦争中も自分とつながりがあった獄中の三木清（大正・昭和期の哲学者、一九四五・昭和二十年九月、獄死）、戸坂潤（昭和期の哲学者。一九四五・昭和二十年八月、獄死）に対する同情は非常に深い。むしろ総力戦の哲学で『中央公論』から出てきた人（戦時中、同誌で戦争協力を「世界史の哲学」の立場から説いた高坂正顕ら）に対して、あまりいい感じを持っていなかったというのが、彼自身の個人的な心情だった。佐藤信衛（哲学者）とのやりとりが佐藤さんの本に出ているんだけど、それはそれとして、彼は大東亜戦争の宣言を矢次一夫（大正・昭和期の政・財界のフィクサー）にたのまれて書いた。このおそろしさは、天皇制の図柄の読み解きと深い関係がある問題ですね。『善の研究』（一九一一年）って面白いんですよ。

網野　面白いですね。

鶴見　『善の研究』はウィリアム・ジェームズ（一八四二〜一九一〇。アメリカの哲学者）からヒントを得てるんですけど、ウィリアム・ジェームズそのままじゃないんです。経験の底に沈んでいくと、ものも心も同じだというのがジェームズの根本的経験論なんですけど、それに深く心を動かされるが、だけどそれだけじゃなくて、只管打坐、つまり毎日ずっと座禅をしていると、存在の脈動そのものが善だという、これが『善の研究』なんですね。道徳的に正しいとか、そういう話ではないんです。俗界における善悪の判断をこえた存在の脈動があって、それを感じて、これが善だ、これはいい、という感覚なんです。

その立場をとると、当時の政府がやっている中国侵略、天皇陛下万歳の方向にかつがれないだけの、一種の防衛線を理論的に張れるはずなんです。ところが、その西田でさえ波に乗ってしまった。「大東亜戦争万歳」ということになった。種が個をこえると説いた田辺元（たなべはじめ）（大正・昭和期の哲学者）がそっちに行くのはわかるんですけど、西田幾多郎がそっちに行くというのは不思議なことで、西田哲学の戦中の状態は、今も私たちが考えなくてはいけない重大な問題を含んでいる。だから西田哲学はけしからんと総否定するのじゃなくて、ワナを感じなきゃいけないと思うんです。

天皇制という図柄があって、今も私たちがその中に生きていることは確かなんです。それをどのように読み取るかということが問題なんです。

網野　いままで歴史家は、それについても本当の意味ではやってこなかったんです。先ほどの切り捨ての構造と非常に深くかかわりがあって、切り捨てられた世界を十分にとらえない限り、その本当の図柄はわからないんじゃないかと思います。土地税の上に乗っかって組織されている体制とズレているところに非常に広い世界がある。そこまで、この図柄は及んでいるんですよ、いろいろな形で。鋳物師もそうですし、木地屋もそうですし、博奕打もそうですし、被差別（ひさべつ）部落も遊女もそうですね。

鶴見　面白いですね。遊女も芸能。盗人も芸能。これはまさに、存在の脈動が善だという『善の研究』と符合する。だけどそれは一方で、南京虐殺（ナンキンぎゃくさつ）[10]で提灯（ちょうちん）行列だ、ということにもなる。そこなんですよ。

網野　いちばんの根本ですね、そこは。

鶴見　そういう意味での掘り抜いた日本歴史というものは、まだありませんね。

網野　これからだと思います。しかし、見えてきたことは確かなような気がします。見えたということだけ、はっきりさせておけば大丈夫なんじゃないか。私は楽天家ですから（笑）。ただ、私がもう少し若かったら、という気がしないでもないので、「うれしいような、悲しいような」……（笑）。

「内臓の記憶」を失った知識人

鶴見　ひとつ考えていることがあるんです。日本の歴史というと、私は近ごろのことしか知らないのですが、知識人と大衆との関係ということがずっと気になっているんです。さっきの血管が狭くなっているという問題ですね。これが学問としての日本歴史を大変に貧しくしていると思うんです。それは明治以後の日本の知識人の養成ルートとの関係があると思うんです。幕末の教育を受けた人たちは、その養成ルートに乗っていない。養成ルートは明治半ばからできているわけで、これができたあとが「概念のブロック積み」になってくるわけですね。抽象名詞から発していたと思うんです。このまま行くと能率的ではあるが転換期にたえられない。

抽象名詞も、暮らしの中に挿し木みたいにして伸びていく可能性はあるんですけど、時間がかかるでしょう。「人権」という抽象名詞にしても、根づいてほしいんだけど、「人権」というと負け犬の遠ぼえみたいな感じがして、まともに金儲けしている人間はそんなこと言わんぞ、という反応が現に今の日本にあるでしょう。これでは困る。部分的にでも今の暮らしとのつながりを回復しなきゃいけない。それは暮らしの前後の脈絡の中で使われてきた日常語を新しく使うことだと思うんです。昔の日本語から力を得ていく。抽象名詞は日本語の中で非常に少ないのですから、動詞や形容詞からもとらえていく。これは柳田国男が早くから言っていて、卓見だと思うんです。

養成ルートに関係があるのは、「一八五三年」と「一九四五年」という二つの年[11]で、日本の制度改革を持久力をもって何年も続けたことは、日本近代史で「一八五三年」以後と「一九四五年」以後しかない。一八五三年以後、幕府は一生懸命やったし、明治政府になってからも引き続き一生懸命にやって、日露戦争の終わりまで制度改革をやるんです。戦争だって国際法を遵守するということを公告して、義和団事変や日清、日露の時にはちゃんとそのとおりにやったんで、大変な制度改革ですよね。だけどそこで絶えちゃう。一九四五年に敗戦になると、また持久力のある制度改革を数年にわたってやるけど、これまた絶えて、もう体制が決まったというわけで、制度改革の勢力は弱まってくる。持久力がある二度の改革は、いずれも外圧、それも決定的な外圧によるものです。

　これから改革しなきゃいけないことは、とても多いんですね。外国人差別、在日朝鮮人、アイヌへの差別など、たくさんの問題があるでしょう。それらの改革は、次の「一八五三年」類似の事件が起こるまで待たなきゃならないのか。大まかにいえば、私の問題はそれなんです。

　そのことに日本の知識人は、進歩的、退歩的、両方とも気がついていない。これが戦後の論壇の特徴です。点のように気がついた人はいます。だけど、進歩的知識人は、共産党系、社会党系を含めて、今の制度改革は外圧によってやってるんだという過去の事実を見すえていない。

　マッカーサーには占領の都合があった。小さな兵力しか持ってこなかったから、反乱が起こるのを防ぐために「日本国民には責任がない。一部軍閥が指導したのだ。日本人は立派だった」と言って〝十二歳〟（帰国後、マッカーサーは「日本人は十二歳」と発言）の頭をなでてくれたわけで、それに進歩派は乗った。進歩派だけじゃなくて、退歩派、保守派も乗った。だから、あの十五年戦争は自分たちがやった戦争だという自覚が育たなかった。内臓の記憶ですね。傷を持っていた論壇人は少ない。それは戦後の『中央公論』『改造』を見ていけば大体わかります。ステップアウトした人は、点としてはいますよ。竹内好(たけうちよしみ)(12)さんなんかそうですね。かつて「大東亜戦争と吾等の決意」（一九四二年）を書いて戦争を支持したんだから、その傷は竹内さんにとって開いたままですよ。決して忘れないと思う。竹内さんの言論に迫力があるのはそれなんですけど、これは点なんですよ。

マッカーサーの都合に乗っちゃったんです。知識人はそんなふうでした。そして占領軍が去り、景気が回復してくると、それが弱まるでしょう。自力での改革はどれだけできるんですかね。歴史学としては暴論なんでしょうが、それが私の問題なんです。

網野　いまのお話を伺っていて思いついたのは、津田左右吉(つだそうきち)さんのことなんです。前回にもちょっとふれましたけど、津田さんの本を私は全部読んでいるわけではないけれども、明治以後の歴史家の中では非常に特異な方だったという感じを持っているんです。津田さんは「生きた生活」という言葉が大好きで、彼が言おうとしたのは、極端にいえばいままでの日本の文学にせよ、思想にせよ、すべて本当の日本人の生きた生活に根ざしたものではない、ということだと思うんです。有名な『文学に現はれたる我が国民思想の研究』(一九一六～二一年)をはじめ、一貫して言おうとしているのはそれだと思うんです。

津田さんが書いたものには、「生きた生活」という言葉がいたるところに出てくるんです。江戸時代の儒者に対する批判、国学者も同じで、みんな生きた国民の生活から離れている、という言い方で批判を加えていくわけです。戦前の書き方と、批判の矛先(ほこさき)をマルクス主義に転じてからの書き方では、その批判の対象には違いがあるんだけれども、根本にあるのは全く同じなんですね。一貫して生活から離れた知識人批判なのです。そしてついに最後になると、こういう「生きた生活」の微妙な感覚は日本人にしかわからないというところまで来てしまったような気がするんです。日本の言葉そのものに含まれている微妙な感覚を、世界の諸民族に普遍的なものにすることはほとんど不可能に近い、という見方にまで最後にはなっていったのではないかと思います。津田さんほど概念が嫌いな先生はいないんで、その意味ではアカデミズムの講壇歴史家から畏敬されつつ、結局はズレたまま最後まで来た方だと思うんです。それは柳田さんにもつながる問題かもしれないし、少なくとも日本の学問が持っているひとつの潮流の中で大事な問題だと思うんです。

　この津田さんが天皇制の図柄の中に見事にからめとられていったということが実は大問題で、その問題を正面から見据えるところから、敗戦後、われわれは出発しなければいけなかったのだろうと思うんです。戦後の津田さんに対する批判は一貫していて、結果的に天皇制を美化したという批判しかされていない。

　京都の学問の伝統も非常に面白いと思うんです。清水三男（しみずみつお）（昭和期の日本史学者）という歴史学者がいます。『世界文化』の事件のときに加わった人で、中井正一（なかいまさかず）（昭和期の美学者、文化運動家。戦時下、民衆的な文化運動のメディア『世界文化』のち『土曜日』を、武谷三男（たけたにみつお）、久野収（くのおさむ）らと刊行）、新村猛（しんむらたけし）（昭和期のフランス文学者）と非常に近しい方です。一ぺん牢屋に入ってるんです。そしてまさしく「転向」して出てくるんですね。もちろん転向前にはマルクス主義の影響を強く受けて、非合法の共産党のビラまで配るという傾倒ぶりだった。そのころに彼が書いたものがあって、荘園のことをやってるんですけれども、それはいま読むと、ちっとも面白くない。しかし、彼が転向したあと書いたものは、実に面白いんです。これは津田さんとは直接の関係はないと思うけれども、彼も「歴史の中に生きた生活を見つけ出す」という言葉を使っている。津田さんよりテーマは少し狭いんですが、荘園制をはじめ中世の土地制度を調べて、荘園をはじめ制度化されている単位は決して本当の生きた村ではない、制度の陰に普通の人間が住んでいる生きた村の生活があるのだという立場から、それを、必死で追究するわけです。そして『日本中世の村落』（一九四二年）という名著を書くんです。

その清水さんが、『ぼくらの歴史教室』（一九四三年）という本を「少国民」向けに書いて、全力投球で語りかけているんです。神も出てくるし、天皇も出てきますけれども、皇国史観ではない。しかしやはり天皇を美化していることは間違いありません。清水さんのような方向で進むと、これも、行けば行くほど天皇の図柄にからめとられるという構造が明らかにあるんです。そこが大問題なんですが、京都の歴史家を中心にして『清水三男著作集』（校倉書房）が編まれたのですが、その中には『ぼくらの歴史教室』は採録していない。意識的に落としているんです。なぜかというと、天皇の図柄が明瞭にあらわれているからです。私は是非ともそれを入れてほしかったと、書いたことがありますが、やはりそうあるべきだったといまも考えています。

鶴見　つらいですね。『中井正一全集』（美術出版社）に久野収さん（哲学者）は中井正一が頭を下げたあとの文章をちゃんと入れてますよ。

網野　そうでしょう。当然だと思います。

鶴見　これで失望した人は多いんですけど、久野さんは自分の決断で入れました。それは正しい決断と思いますね。

網野　私もそれが正しいと思います。戦後になって、石母田正さんの歴史学に対する疑問が一九六〇年ぐらいから起こってくる。京都の歴史家たちは独自な歴史学の伝統を背負っていますから、清水三男を拠点にして石母田批判をしたところが確かにあるわけです。ところが、京都の歴史家たちは清水さんのそうした天皇美化がなぜでてくるかについては、徹底して追究しなかった。その問題に目をつぶってしまったといわざるをえない。それが『清水三男著作集』に天皇美化の著作をまったく入れなかったという姿勢につながっていると思います。しかしこうした歴史学界の構造はまだ決して崩れていないんです。私が天皇のことを問題にし始めたのは、実はそこのところを徹底的に考え抜かなくてはだめだと考えたからです。それでなければ天皇を本当に根底から克服できないのではないかと思ったのです。清水三男は、自分の目で歴史を本気で見ようと思い始めたときに、まさしく天皇制の図柄の中に完全に巻き込まれていった。

津田さんもそうだと思うんです。津田さんも当時の講壇歴史学に対する強烈な反発をお持ちだったと思います。伝記をずっと追ったわけではないのですが、あの方の生涯から見るとたぶんそうだと思うんです。前回お話ししたように、戦後、最初に書かれたものが「日本歴史の研究に於ける科学的態度」という論文だったのですが、その一か月後に態度が完全にひっくり返るわけです。この一か月の間に何かあったんだと思います。羽仁五郎(はにごろう)は津田さんを歴史学研究会の会長にしようとしたらしいんです。井上清さん（日本史学者）が使いとして津田さんのところに行くんですね。津田さんは井上さんを大変丁重(ていちょう)にもてなして、井上さんはむしろいろいろ教えてもらったと、喜んで帰ってきたようです。もちろん津田さんはこの申し出を断ったのですが、そのころ「私はあの人たちに手套(しゅとう)（手袋）を投げました」ということを言っておられましてね。津田さんとしては多分そこで決断をしたのだと思います。そしてあの著名な天皇擁護の論文を書かれるわけです。あれほど人間の生活、人間の生き方、人間の生そのものを追究してきた人が天皇制にからめとられていく。そしてその一方で、そういう動きに反発する知識人や学者の世界がつくられていく。しかし、それでは問題の根本をつかむことは決してできないと思います。

鶴見　いまのお話は、津田左右吉の史観のとらえ方として非常に啓発(けいはつ)されました。津田さんは、生活という感覚から離れたくないという気持ちから維新(いしん)の志士が大嫌いですね。

網野　そうです。彼はむしろ幕臣のほうを評価した。

鶴見　水戸学派なんて大嫌い。

網野　それがマルクス主義者に対する嫌悪と完全に重なってくるんですね。これは国学とも違うんです。国学者の本居宣長に対しても、結局同じだ、という言い方で爆撃しますからね。

鶴見　『心』（安倍能成、和辻哲郎らを中心とする文芸雑誌。一九四八・昭和二十三年から一九八一・昭和五十六年まで続いた）に津田さんが連載した最後のエッセーで、津田さんの歴史学への動機について書いていますね。研究の出発は、薩長の明治維新史を、思想を中心に考えなおそうと思った。でも、そのことを考えるには、江戸の初めを知ることの必要を感じ、そこから鎌倉、室町（時代）、結局は『日本書紀』『古事記』の問題につきあたり、初めの研究に到達するのに時間がかかったから維新史が書けなかったということなんですね。津田さんとしては、はじめから「生活」から見たいというのがあったのでしょうけど、マルクス主義から離れるときに、清水三男も「生活」という言葉を使い、転向後の島木健作（昭和期の作家）も『生活の探求』『続・生活の探求』（一九三七〜三八年）でしょう。

網野　そうですね。

鶴見　これがマルクス主義の脈絡から見てけしからんというのが、マルクス主義者だけでなく、おおむねの進歩派の評価だった。

ところが、理科出身の人間は意外に生活に即して見ることがあるんです。若月俊一は、東大の医学を出て、左翼運動をして捕まって牢屋に入れられるんですが、島木健作の『生活の探求』『続・生活の探求』を読んで感激して、信州（長野県）佐久に行き農村の医者になるんです。腰を据えて農村医学をやっているうちに敗戦になって、戦後も東京に戻らないで農村医学をやる。最後は「マグサイサイ賞」でみとめられる、世界の農村医学のモデルをつくるわけです。その人が朝日新聞に書いた「一冊の本」というのを読んで私はびっくりしたんだけど、医学部出身だから系譜読みをしないんです。島木の小説を農村の生活に役立てるような医学をやらなきゃいけないという刺激としてうけとる。系譜読みだけが著作の読み方ではない。その面白さです。

今なお「一木一草」に宿る天皇という王

鶴見　「生活」というのは面白い考えなんです。ところが、私たちが「生活」というと、清水三男のように、どうしても「天皇制が生きている生活」ということになる。つまり、ここに勲一等を持った人が入ってきたら敬意を表するとかね。私は老人には敬意を表するんですが、勲一等が偉いとは思わない。だけど、天皇制の序列で上位の人がくるとその人に対して敬意を表するでしょう。序列が全部ついていて、それが「生活」だと感じてしまう。そんなふうに、われわれの生活の中に天皇制の枠が入っていることは確かなんです。だから「天皇制なんてものは科学的精神からいって撲滅すべきだ」と言うと逆に生活が見えなくなっちゃう。むしろその反対に自分の生活の中に天皇制が入っていることに気がつくほうがいい。これが竹内好が「権力と芸術」というエッセーでいったことです。一木一草の中に天皇制があるというのは、そのことなんです。

網野　よくわかります。

鶴見　木を見ても建築を見ても、天皇制の枠の中で見る。そこを自覚すれば、おのずから別の道も開けるかもしれない。これが竹内好のメッセージですよね。それは大変面白いと思うんです。まず自分たちが天皇制にとらえられていることを自覚する。戦後もいまもそうです。最近も昭和天皇が病気になると広告まで自粛して、井上陽水の「お元気ですかァー」の声が消えちゃったじゃないですか（笑）。あそこまで行くんですからね。広告といえども天皇制の中に入っていることは事実なんです。それを忘れずきちんと見ていけば、別の道もわれらの未来にはあるかもしれない。

網野　いま考えてみると、私自身は、皇国史観の影響ももちろん皆無ではなかったと思いますけれども、一応、そこからはずれたところから歴史を勉強し始めて、しかも一ぺん知識人・学者の世界から完全に落ちこぼれた経験があるのです。だから津田さんや清水さんのような歴史家がどうして天皇の図柄に巻き込まれていくのかということが、私自身にとって、問題の出発点のひとつだったわけです。たまたま鋳物師のことをやったり海民を研究したりしていますと、「職人」はみんなそうだったわけですけれども、そこにも天皇の影がちゃんとあることに気がついたんですね。

一木一草の中にある天皇の具体的な構造をとらえることは可能だ、見えてきた、という感じを私は持ったんです。ところが、それを一九七〇年代に論文にしたとたんに、私は学界から天皇制擁護論者にされようとしたのです。最初に天皇の論文を発表したのは一九七一年ですけれども、歴史学界からは「天皇制美化」という猛烈な批判がきました。「主観的には批判をするつもりらしいが、客観的には天皇を延命させる役割を果たしている」というよく聞くセリフで批判されました（笑）。いまでもそういう批判は大いにあると思いますよ。

鶴見　「客観的にはスパイの役割を果たしたんだから、リンチされても当然だ」というのと同じですね（笑）。「客観的」そのものの立場に自分が立っていると信じて発言するなんて具合悪いですね。

網野　遊女にせよ非人にせよ博奕打にせよ、そこにまで天皇の影があるとなると、これを客観化するなんて容易ならざることだ。天皇は千三百年、ともあれ実際に続いてるわけですからね。

鶴見　二つの断片的なエピソードを出したいんです。一つは、私は栃木県の鹿沼（かぬま）に村本一生（むらもとかずお）[13]という人を訪ねて行ったことがあるんです。寮の舎監（しゃかん）をしていました。彼は東京工業大学出身で、軍隊に入ったときに「これは聖書にそむく」と言って銃を返した人なんです。戦争が終わるまで陸軍営倉（えいそう）につながれていました。ひとり重営倉に入れられても断固天皇に頭を下げなかった。ところが、彼は私に言ったんです。

「戦後は平和国家と言ってるんだし、植民地を放棄したんですから、天皇の祝賀に行ってくれと言われたら、いまだったら寮のみんなを引率して宮城へ行って、天皇陛下万歳！　ぐらいやりますよ」と。私は心を打たれましたね。この言葉の重さがわからなくて、戦後の進歩的学者が「それは天皇制の擁護だ」なんて言ったらダメでしょう。人間の身振りを状況ぐるみで判断しなきゃいけない。戦争中ひとり営倉に入って貫いたその重さを、その時の状況の中で考えなきゃいけない。概念だけで「天皇制賛成」「天皇制反対」なんてやってたらいけない。「私はいまだったら天皇陛下万歳！　ぐらいやりますよ」という言葉を、この人にしてこの言ありか、と思って私は聞きました。そのうらには、前のような状況が現れる時には、ふたたび抵抗するという力がひそんでいます。

もう一つは、『土曜日』の名義人でもあった能勢克男という人がいます。『土曜日』というのは、中井正一たちと一緒に戦時中につくって喫茶店に置いていた、今のタウン誌の先駆です。彼は捕まって弾圧されて、『土曜日』は結局はつぶされる。その彼は、映画をつくるのが好きで、三本か四本つくって、手巻き蓄音機で一定の音楽とともに自宅で家族に見せていたんです。彼はもう死んでいるんだけど、去年、彼の息子さんがその映画を見せてくれたんです。映画に合わせてもとの音楽を入れている。三本見たんですが、どれもジャズなんです。私は驚きましたね。『世界文化』も『土曜日』も文章だけ読んだらダメですね。別の手がかりが必要なんです。私は目が開かれました。

『土曜日』が出た時、すでに共産党はつぶれていた。もし共産党が健在だったら、「ジャズなんてアメリカの頽廃（たいはい）文化だ。喫茶店なんてブルジョアの頽廃文化だ」となったでしょう。当時はニューディールの始まりですから、アメリカの音楽は人間解放と自由な暮らしの気分を乗せてくるという空気です。去年、見せてもらった映画も、女車掌（しゃしょう）を中心にした京都めぐりの映画や『土曜日』の一周年記念に船を一隻借りて琵琶湖（びわこ）で遊んでいる映画、これには若き武谷三男や中井正一が家族ぐるみで出ていて、踊りを踊ったりしてるんです。音楽は全部ジャズです。昭和十三年です。アメリカ映画と音楽が持っていた意味。戦後の五木寛之の小説『さらばモスクワ愚連隊』（一九六六年）に通じます。それが中井正一、武谷三男、おそらく清水三男たちの気分だったんです。だから「生活」です。一九三〇年代の日本人の「生活」の中には天皇制も入ってくるが、ジャズも入っていた。

文章でやっていくと系譜読みになるんです。私は共産党から見れば悪い人なんですよ。高倉テル（大正・昭和期の社会運動家）が私を説得に来たけれど、応じなかった。鶴見姉弟のうち「姉はいいが、弟のほうはウルトラでダメだ」と言ったというんです。どうしようもない反動で、マルクス主義の正義をいくら説いても理解できない人間のことを「ウルトラ」と言っていたんですね（笑）。私は論理実証主義育ちでプラグマティズムですから、系譜読みからいえば悪い思想なんです。だけど、『世界文化』と『土曜日』がすでに論理実証主義を受け入れる基盤に立っていたことは確かです。

私は戦争が終わってから『思想の科学』に入った。武谷三男はプラグマティズムに反対じゃないんです。マルクス主義がプラグマティズムぐらい理解して消化できなくて何だ、という立場だったんです。共産党に引きずり回されない別の運動があってもいいじゃないか、ということで『思想の科学』は続けられたんです。私はあまり権力意志がないんで、始めたとき、もうやめようかと思ってたんです。続けられたのはマルクス主義者である武谷三男の支援なんです。どうして彼がそういうことを言うのか、私は予期しない発言だったからわからなかった。しかし、能勢克男の息子の映画を見て一目瞭然。つまり『世界文化』と『土曜日』はそういう立場に立っていたんです。

網野　そういう意味で京都の学風は面白いですね。歴史学でも、ご本人たちが意識しておられるかどうかは別として、京都の歴史学の流れは独特なものを持ち続けてきた。たとえば林屋辰三郎（はやしやたつさぶろう）氏（歴史家）ですね。京都の歴史学の伝統は、林屋さんあたりにはっきり受け継がれているような気がします。

鶴見　青山秀夫（経済学者）も、『世界文化』の同人ですが、マルクス主義者じゃないんですよ。戦後、京大経済学は全部マルクス主義で、彼は孤立して鬱（うつ）状態になっていました。だけど、彼は戦争中の『世界文化』の時代には抵抗の側に立っています。

まず自分が天皇制から自由だと思わないところから出発する。日本に暮らしている以上ここにいるんだ、ということです。それをどうしていくかという問題を、常に日常的に立てていくことじゃないでしょうか。

網野　天皇を支える柱は二本あって、天皇の顔も二つある。一つは、田地（でんち）から取った税金を吸い上げる国家の君主としての顔。もう一本の柱は、海民や職人を神として直属させている神聖王としての顔。その二つの顔を天皇は持っている。この後者はいままでほとんど見えてなかったものです。このへんには違うものがあるのかなと思って調べていったのだけれども、やはりそこにも天皇がかぶさっていたということですね。しかし、土地税を取ってきた国家体制についても、百姓は農民とはかぎらないという視点から、これまでの常識を根底からひっくり返す作業をやっていけば、生活そのものの中にある天皇の問題も、もう少し客観化して見られるのではないか。日本人の生活そのものの客観化ができるのではないかといまは思っております。

ただ、これは何といっても千三百年の歴史ですから、よほどの決心でやらないとできないし、一人の力では……。点ではダメですね。波にならないといけないと思います。しかし、その条件は出来始めたのじゃないかと思っているんです。

鶴見　アメリカを例にとると、アメリカ憲法というのがあるわけですが、憲法の向こうに約束というのがあって、その約束は「独立宣言」の中にある「生活・自由および幸福の追求」ですね。それから平等・権利・義務、これが約束だというんです。フィリップ・セルズニック（一九一九〜。アメリカの社会学者）によると、約束（コヴェナント covenant）とは憲法という実定法に向かって行く理想なんですね。

そこから日本を見て行くと、憲法の向こうにやはり約束がある。それは世界の人たちと一緒にやっていくということだし、戦争のない社会をつくるということなんで、一種の世界社会をつくろうとする約束なんです。その約束に向かって憲法を進めて行く。その歩みが問題なんです。だから、自衛隊法だけいじくり、自衛隊を海外へ出せる出せないという話をして、憲法があることを隠していくようなやり方はまずい。残念ながら戦争があるから、防衛措置も講じなきゃいけないけど、本来、戦争のない世界社会に向かって進めるという約束があるわけで、そっちのほうに持っていかなきゃいけない。

その約束を中心に憲法を見るときに、在日朝鮮人、アイヌ、沖縄の処遇はどうなるのかという問題。そこでいろいろなことが起こると思いますね。網野さんの歴史のように、日本の中に複数王朝が成立していたという事実と、現天皇の王朝が成立する前は別の状況があったということをはっきり認識していくことが重大なんで、それがこれから日本が世界社会をつくる力になっていく。天皇制の中に閉ざされた国に戻っていかない姿勢が必要だという気がします。

網野　「日本」という国号を変えるという発想を、いままで誰一人持たなかったこと自体、きわめて不思議なんです。おそらく敗戦のときがいちばんその可能性があったと私は思うんです。あれほど恥ずべき行為をしたことが世界中に知られた国の名前ですからね。しかし、あのときは共産党まで含めて、「日本」という国号を変えようという気持ちを誰も持たなかったと思いますね。その不思議さをわれわれ自身が自分の問題として考えるようにならないといけないと思うんです。

鶴見　それは裏返しにすれば天皇制の呪縛（じゅばく）なんです。

網野　同じ問題だと思います。「日本」の国号は天皇の称号とセットになってきまったのですから。

鶴見　内側の天皇制という問題ですね。

コメ、君が代、そしてジャズ

網野　コメも、その問題に深くからんでいるように思いますね。コメもやはり千三百年間、国家が管理してきた作物なんです。コメと水田を共同体の基本に置き、その祭りを基軸とする社会が、日本列島の一部、近畿から北九州にかけて存在したことは事実だと思いますが、律令国家ができてからは、コメと水田は完全に国家制度の管理の下に入ることになります。

現在の「コメ問題」は、千三百年にわたって国家が管理してきたコメを、公権力が管理を放棄しようとしているところに問題のひとつがあることは間違いないので、これに米作農民が強く反発するのは当然です。しかし、実はもうひとつ深いところに入らないと、この問題の本質は見えないと思うんです。うっかりすると、天皇の問題と同じように、国家や天皇のほうに身を寄せていこうとする姿勢、たとえば「百姓」を「農民」と思い込んでいくのとまったく同じ姿勢の中で現在の問題が起こっているところがあるので、そこから完全に自らを突き放したところで考え直すべき問題だと思うんです。これは天皇の問題とよく似た構造を持っていると思います。「日本」という国号を持った国家ができたときに、コメ、水田が税体系の基礎に置かれる。それがその後の国家でも、ずっと続いてきたわけですからね。南北朝・室町期は少しちがいますけれども。

いまの高校の教科書を読んでいると、まったく「神話」といってもいいようなおかしなことが書かれており、いまだにそれが教壇で教えられてるんですね。たとえば「江戸時代の農村は自給自足であった。日本の人口の八〇パーセントは農民であった」ということなどそのよい例ですね。これは戦後のマルクス主義も含む歴史学のつくってきた歴史像ですけれども、この歴史像にとどまる限り、「日本国」や天皇の呪縛からは絶対に逃れられない。それをどうやって客観化できる立場に立てるかというのが現代のいちばんの問題だと思います。歴史学を勉強するということは本当にコワイと思いますね。こうしたあやまった歴史像をつくったのは主として文献史家の責任だと思います。その社会的な責任をわれわれも負わなきゃならないわけです。最近の高度成長期の歴史家は、社会的責任から離れたところで、歴史学と楽しく遊んでやろうというところがあって、これも悪くはないのです。昔のように肩を張るよりはずっといろいろなものが生まれますからね。

鶴見　「君が代」もそうですね。詠み人(よびと)知らずの歌で千年残ってきたというのは面白いことです。敗戦後、すぐ歌う気力があったら、占領に対するはっきりした抵抗で、それは立派なものだと思うんですけど、七年間歌わないできて、突然復活してくる。そして今度は「君が代」を演奏しているときは校長が生徒に立て、と強制する。

網野　こわいことですね。

鶴見　在日朝鮮人の子弟の卒業式で、親が「君が代」を聞くのは不愉快でしょう。戦前、戦時、そして今なおひどい目にあわせてるんですから。少なくとも歌わない自由、座っている自由があると思うんです。私は「君が代」は面白い歌だと思うんですけど、強制するのには反対ですね。日本の近代史についての理解を欠いていると思います。高度成長後の人の中に面白い遊びをする人がいて、「君が代」をジャズ化した音楽の先生[14]がいたでしょう。あの人は教師をクビになっていますね。クビにする、これはいけないです。

私は「君が代」をしのぐ国歌はすぐにはできないと思うんです。いまの「君が代」に対抗する歌がいろいろつくられていって、千年間の中にはそれをしのぐものが出てくるでしょう。そういうものだと思うんです。いまはなかなかしのげないけど、つくる自由はあっていいし、ジャズ化して演奏する人がいてもいい。「君が代」が卒業式に流れても座っていていい。起立を強制すべきじゃないと思いますね。「いや、いま日本は自由なんです」というのは、内なる天皇制を見てないですよ。そこがおそろしいですね。

網野　そういう意味では、こわい時代になっているという感じがしますね。楽しんで研究をする人たちが出てきたのはとてもいいことなんですけれども、逆に、いまの若い歴史家の諸君を見ていると、こわさを知らないという一面があるような気がします。私などはそのこわさを知っているいちばん若いほうになるのかもしれませんけれど。

しかし考えてみると、日本の国家と社会の構造は一種の二重構造になっているんですね。たとえば村と大名の関係でも、村は村の中の本当のことを大名には言わないわけです。村の中で起こったゴタゴタは村で片づけようという強烈な意思を持っている。村に対する税金の基礎になる石高（課税のさいの基準高）も、そんなに厳密なものじゃなくて、かなり政治的なものなんです。村は村で裏帳簿を持っている。表の帳簿は検地できまった石高ですけれど、実態とは大きくはなれている。大名のほうも村が何をやっているかはある程度知っているけれども、その中まではなかなか踏み込もうとしない。大名と幕府も同じなんです。大名の石高もかなり政治的なもので、幕府は大名の実態を知っているけれども、やはりなかなかその中までは踏み込まない。キツネとタヌキの化かし合いでやるのがあたりまえになっている。そうした構造でずっと来たんです。律令国家が崩れ出して、請負で税金を取るようになり始める平安後期から、この構造ができはじめますね。表と裏の世界がはっきり分かれてきて、どんなところでも裏帳簿は必ず持ってやっている。現代に至るまでそうだと思うんですけれども、これも問題がなかなか鮮明にならない理由の一つだと思います。

一八〇〇年代に入ってすぐですが、日本海に入ってきたアメリカの捕鯨船の航海日誌によると、松前（北海道）にアメリカ人の水夫が上陸して、バンジョーを弾いて村人と楽しく踊ったり歌ったりしたというんです。こういうことは絶対に村はお上（かみ）に報告しないんです。だから日本側の文献には残らない。そういうケースがたくさんあって、襖の下張りみたいなものに、そういう世界がチラチラ見えるけれども、なかなかのぞけない。

津田さんにせよ清水さんにせよ、生活の本当に生きた部分に必死で迫ろうとされたわけだけれども、なかなかのことでは入り切れない構造があるんですね。しかし、そこに本当に入ってみると、天皇の図柄からはずれた世界を見出すことができるのではないかと、私は考えています。

ただ、方法としてそれは非常にむずかしくて、少なくとも文献だけでは絶対にダメなんです。考古学とか民俗学とか、いろいろな学問の協力を仰がないとできないことですね。「生きた生活」に迫るにはいろいろな回路があり得るということが、最近だんだんわかってきました。その点では、また渋澤敬三讃美になるけれども、渋澤さんは偉いと思うんですね。彼は戦後すぐ九学会連合(15)というのを組織して、考古学や民族学などのいろいろな分野の学会の共同調査をやるんです。それはいま私が申し上げたこと、現在ようやく本格的になろうとしている動きを先取りしていたと思うんです。ただ面白いことに、その中に歴史学会だけ入ってないんです。

鶴見　それは面白いな（笑）。

網野　マルクス主義の問題がからんでいたことは明瞭ですし、いろいろな問題があったと思うのですが、歴史学会だけは入らない。いまでも文化人類学や民俗学に対して、文献史学の側には、協力することにかなり抵抗がありますよ。学問の体質はそう簡単に崩れないので、楽観ばかりはしておりません。しかし、それも徐々には変化しつつあって、歴史学界全体がかなり大きく動き始めていることは確かだと思うんです。

ひとつ心配なのは、マルクス主義者は、世の中全体を考えなくてはならないという気負いがあり過ぎて、どうかすると大変観念的で非生産的な議論に陥ってしまうことがこれまであったのですね。しかしマルクス主義の影響の力が弱くなり、一面でそうした気負いがなくなった結果、今度は若い人たちが楽しくやろうとしている。それはいいんだけれども、楽しくやっていけばいいということだけに終わってしまう危険があるんですね。社会全体を相手にしようという気概が若い人には希薄なんですね。そういうと、「オジン」の気負いといって、大笑いされそうですが、年寄としてはその点がいささか心配ではありますね。

らね。

新しい「鎖国」を崩す歴史感覚を

鶴見　網野さん、日本史の学者は「二十世紀」という単位を考えますか。

網野　私はあまり考えないですね。私などはむしろ日本については高度成長期の以後と以前とに分けてしまいますね。長い射程で考えると、ここで社会はずいぶん違っていると思いますよ。敗戦後しばらくまでは、前の世代と言葉が通じるんです。しかし、高度成長期以後の現代の若い人たちと私たちの世代との間には、共通の言葉がずいぶんなくなっているはずです。生活の形態そのものが大変化していますからね。

その視点から、現代の生活がこれからどこへ行こうとしているのかを見きわめるために、歴史をみるとしたら射程をどこに定めたらいいか。私は十四世紀から二十世紀半ばぐらいまでの射程で、戦前の社会を理解する必要があるだろうと思うんです。二十世紀後半以降は、その射程で見たときにどういう時期に来ているのかも、そのレベルの中で考えたほうがいいだろうと思っています。

高度成長期以後の若い人と共通の言葉がないというのは、私は短期大学の学生を教えているからはっきりわかるんですが、たとえば「石高制」と言っても、「石（こく）」が何の単位か知らないんです。「斗（と）」も知らないし、「升（しょう）」もあやしい。私のゼミは十人いたんだけれども、「升」は二人わかった。それは酒飲みの学生ですよ（笑）。「合（ごう）」は升酒（ますざけ）をみんな知っていた。

言葉を知らないというのは大きいです。歴史の話をするときは特にそうです。全然通じないことがありますからね。たとえば、炭の文化を全く知らないでしょう。だから「火鉢（ひばち）」とか「五徳（ごとく）」とか、そういうのは全然ダメなんです。

鶴見　最近、新井和子の『雑貨屋通い』（一九九二年）という本を読んだんです。これは面白い。彼女はTBSに三十年つとめて定年でやめたんですが、近くの雑貨屋に行くと、高度成長文化とは全然違う昔の文化があるわけですね。「ハエ取り紙」とか「火鉢」とか。雑貨屋には生活の必要に応じた文化がある。アッと思って、それで自分が育った時代を再発見するんです。これはなかなかの名著ですよ。

網野　それは面白いですね。

鶴見　そういうところへ行かないとわずか三十年前のモノがないんです。博物館に行けばあるかもしれないけど、雑貨屋はモノが手に取れるわけですからね。

網野　この五年ぐらい、私はゼミの学生にまず宮本常一さんの『忘れられた日本人』（一九六〇年）を読ませるんです。あれには戦後の話まで出てくるわけですね。学生ははじめは何百年も前の話だと思っているんですけれども、「五、六十年前のことだよ」と言うとブッたまげますよ。カルチャーショックを受けるんです。その中で驚いたことのひとつは、ハンセン病のことを何も知らないんです。エイズのことはよく知ってるけれども、ハンセン病のことは何ひとつ知らない。しあわせな話でね。知らないことがいいことだか悪いことだか、簡単には言えないですけれどもね。

鶴見　「知らざるを知らずとせよ、これ知るなり」と孔子は言った（笑）。

網野　おじいさん・おばあさん、父親・母親が生きてきた世界を、自分たちは何も知らないんだということを、いまの若い人に知っておいてもらう必要があると思うんです。だから夏休みのレポートは、前期に宮本常一の『忘れられた日本人』を読んでもらい、おじいさん・おばあさん、父親・母親から、自分たちが実際に経験してきた生活の話を聞いて、宮本常一さんみたいなレポートを書いてこい、と言うんです。いままでそんな話をしたことはなかったが、初めて母親と生活に即した話ができてとてもよかった、という感想を持った学生が何人かいましたよ。しかしわざわざ鹿児島まで、おばあさんの話を聞きにいったけれども、まったく言葉がわからなくて、なにも書けなかったといった学生もいました。これほど違ってきているのですね。

ともかく「いい」「悪い」の問題じゃなくて、知らないことを知らないまま、みんな知ってるつもりになられるのがいちばんこわいですね。

鶴見　高度成長の中で育った人たちは、映画を見たりＣＤを聴いたりすることが普通になっているから、アメリカ、ヨーロッパと自然に連帯した気分があると思うんですが、アメリカは大変不景気になっているし、日本の外に出て行くと、いまの日本の暮らしはできない。いま日本の大学生は、アメリカに留学してもついていけないですよ。落第でしょう。入るのは簡単だけど、一年上がることは大変ですからね。

つまり、気分だけは世界大だけれども、実は封鎖されてるんです。戦前、戦中になかった特別の鎖国状態にある。今の日本が未来に向かって開かれているかどうか、これも疑わしいです。日本の経済力が強くなって、しかも封鎖によって日本の文化がカプセルに入っている状態になってますから、今の日本文化がインターナショナルになっているとは言いがたいと思いますね。そのことの自覚がないです。世界中の大学生がいまの日本の大学生と同じように勉強しないと思っている。それは幻想ですよ。

幻想であることに気がついてないですよ。高度成長以後というのは、新しい特有の仕方での鎖国です。そのことの自覚がないのはこわいです。

網野　つい五十年前までの日本社会は現代からみるとすでに異文化であり、現にいまでも方言といわれる地の言葉でしゃべったら日本人の間でも言葉が通じないんですからね。そういう認識を相互に持つような状態をつくれば、いまおっしゃったような、「鎖国」は打ち破れるはずで、その認識を持ってもらわないと具合悪いと思いますね。

鶴見　私の関心の中心は戦争なんです。戦争はいやだという考えがあるんです。なだらかな私生活を優先する人がこれだけふえて、つまり「がきデカ」がふえて、これではもとのような戦争はできないなと思って、私はそこに安心してるんです。これはブレーキになると思いますね。

網野　歴史は逆転しませんからね。

（一九九三年二月二十三日、東京にて）

注

注1　平泉澄（ひらいずみ・きよし　一八九五～一九八四）昭和期の日本史学者。一九三〇・昭和五年、ヨーロッパに留学。帰国後、天皇が統治する国（皇国）という歴史観の主導者となり、『国史学の骨髄』（一九三二年）、『伝統』（一九四〇年）などを発表する。

注2　山路愛山（やまじ・あいざん　一八六四～一九一七）明治・大正期の評論家・史論家。「国民新聞」の記者、「信濃毎日新聞」の主筆を務め、個人雑誌「独立評論」を刊行しながら、旧幕の子弟としての反骨精神を基底にした評論を発表。『為朝論』（一九一三年）はのちに、石母田正の『中世的世界の形成』に影響を与える。

注3　歴史学研究会　民間の歴史研究団体。一九三二・昭和七年、東京帝国大学史学科のアカデミズムにあきたらない史家によって結成された。戦時下に活動はとだえたが、戦後、マルクス主義を標榜（ひょうぼう）する「科学的な歴史学」を築きあげようと再び活動を始め、戦後の歴史学界をリードした。

注4　エルンスト・クリス（一九〇〇～五七）オーストリアの精神分析学者。芸術創作の過程を研究して、精神分析の対象を病的な心理から健康な自我活動や創造性の解明へと発展させた。

注5　『和漢三才図会』　寺島良安編著。江戸時代に刊行された、和漢古今にわたる事物を人物・器具・動植物などに分類した図説百科事典。南方熊楠（みなかたくまぐす）が少年時代に三年かけて、これを筆写した話がある。

注6　山中共古（やまなか・きょうこ　一八五〇～一九二八）本名は山中笑（えむ）。明治・大

正期の牧師・民俗学者。幕臣の子として生まれ、明治維新とともに徳川慶喜に従い静岡に移る。同地でお雇い教師のマクドナルドから受洗、牧師となる。その後、土俗学に関心を持つ。著書に『甲斐の落葉』がある。

注7　中江兆民（なかえ・ちょうみん　一八四七～一九〇一）　明治期の思想家。長崎、江戸でフランス語を学び、一八七一・明治四年にフランスに留学。帰国後、「東洋自由新聞」を創刊して、人民の抵抗権・革命権を主張する。『三酔人経綸問答』を発表する。幸徳秋水らが門人。

注8　ジャコメッティ（一九〇一～六六）　スイスの彫刻家、画家。シュルレアリスム運動に参加、ローマ、パリで学ぶ。彫刻、絵画によって人間の実存を描こうとした。

注9　西田幾多郎（にしだ・きたろう　一八七〇～一九四五）　明治・大正・昭和期の哲学者。明治以降、ヨーロッパから移行する哲学ではなく、禅を中心とする東洋的な思考体系を作ろうとする。『西田幾多郎全集』（岩波書店）がある。

注10　南京虐殺　中国に侵略した日本軍の「中支那方面軍」は一九三七・昭和十二年十二月十三日、中国国民政府の首都南京を攻略。この時、中国軍の捕虜、市民に対し虐殺を行った。日本軍は遺棄死体八万四千と発表。戦後、中国の現地で行った中国側の記録では埋葬数は十五万五千三百三十七体にのぼる。中国では同虐殺を「南京大屠殺」といっている。

注11　二つの年　一八五三年六月、ペリーは、アメリカ大統領の親書を持ち浦賀沖に現れた。一九四五年八月三十日、マッカーサーは厚木に姿を見せ占領が始まる。

注12　竹内好（たけうち・よしみ　一九一〇～七七）　昭和期の中国文学者。一九四一・

昭和十六年に開戦を肯定する文書を書く。その後、戦時下、魯迅の研究に打ち込み、戦後、『魯迅選集』『魯迅文集』を刊行。『竹内好全集』（筑摩書房）がある。

注13　村本一生（むらもと・かずお　一九一四～八五）キリスト教徒。明石順三主宰の灯台社（ニューヨークのものみの塔聖書冊子協会日本支部）で受洗。信仰上から、一九三九・昭和十四年、陸軍工科学校で銃を返し軍務を拒否する。敗戦後、明石とともに栃木県鹿沼に住み、独自の信仰に生きる。

注14　「君が代」とジャズ　一九七九・昭和五十四年、福岡県の高校の卒業式で音楽教師が君が代をジャズ風にアレンジしてピアノ伴奏した。その教師は「クラシックをジャズ風にアレンジするのはもともと好きだった。君が代だとなぜ、そこまで問題になるのか」と話した。この教師は、その後、「教育公務員として不適格」として処分された。

注15　渋澤敬三と「九学会連合」　渋澤自らが会長を務め、相互の啓発と交流などを目的に次の学会で構成された団体。「日本社会学会」「日本心理学会」「日本地理学会」「日本言語学会」「日本民俗学会」「日本民族学協会」「日本人類学会」「日本考古学会」「日本宗教学会」。

あとがき

自分の生きた時代がどういうものだったかは、その人の歴史の見方に影響をあたえる。

私にとって、一九三一年から一九四五年の戦争の時代が、歴史の見方の底にある。

こういう歴史観に、ひずみがあることを認める。同時に、自分の外に、科学的歴史がひとつの法則の体系としてすでに書かれているとは思わない。

そういうシロウト（非専門家）として、網野善彦氏に、日本史についての著作への質問をなげかけた。その機会をあたえられた『朝日ジャーナル』と『月刊Ａｓａｈｉ』（二つとも今はない）に感謝する。

質問の中心は、鎖国についてである。日本は、江戸時代を通じて、鎖国というモデルでとらえられるような状態にはなかったと、資料をもとに、網野氏は示された。その史学的判断を私は受けいれる。同時に、ではなぜ、私の生きた時代が鎖国のモデルにあうような状態になっていったのか、という問題が、網野氏の史学的判断を受けいれたあとに、その故にさらに複雑な性格を帯びて、私の中にのこる。

文字のせいか。学校教育のせいか。文字と学校教育を一手におさえて、小学校と軍隊とをとおして、「ひとつの正しい歴史観」を国民に植えつけた明治以来の天皇制のせいか。

十五年の戦争とその敗北にもめげず、もとの鎖国が今も日本にのこっているのはなぜか。

自分のくにを、自分がここに住みなれた故になつかしい郷土として感じる習慣が中心になるように、私たちはなぜ変われないのか。

君が代を千年以上も前の詠み人知らずの歌として認め、明治以前の千年のあいだ、べつのさまざまの抑揚でうたいつがれてのこっためずらしい歌と感じる道は、どうして今もとざされているのか。別の調子でこの歌をうたうことに、学校はどうして罰をあたえるのか。

別の形の郷土の歌をいくつもつくり、それらの中から、君が代とならんでうたわれるような歌をえらぶという方向を（そのためにさらに一千年かかるとしても）、どうしてえらぶことができないのか。

他の国の国歌がうたわれる時、他の国の国旗がかかげられる時、それに対して敬意を表することは望ましい。だが、国家にたいしてうたがいをもち、今の民族国家のもたらす少数民族圧迫をこえる道を、きりひらく一歩が、一九四五年の日本国敗戦をいとぐちにあらわれたことを、政府も学校もどうしてふたたびかくすのだろうか。そういううたがいが、のこる。そのうたがいは、日本の経済の規模が大きくなって私たちの生活水準があがっていることとひきかえに、消えてなくなるのだろうか。

『蒙古襲来（もうこしゅうらい）』以来、網野善彦氏の著作を読んで、政府の管理のとどかないスキマが日本の土地に、場所として、また制度として、また習慣としてあることを知った。それは国家よりも小さい単位に見えるが、国家の外にむかってひらかれ、人間の生きるところにつづいている。一九二九年に小学校に入った私にとって、教えられなかった日本史の側面である。

対談のテープおこしと編集を世話された中川六平氏は、二十五年前、岩国の米軍基地の近くで反戦喫茶「ホビット」を動かしていた。近ごろは『マージナル』の編集者として、今の日本領土内の少数者についての活気のある記録を世に出す仕事をつづけてきた。網野さんと私との橋わたしを、中川さんがつとめられたのは、自然のすじみちであったように思える。

廣田一氏は、前に、伝記のシリーズを朝日評伝選として出す時に、お世話になった。二十年をへだてて、ふたたび共同の仕事を手がけていただいたことをありがたく思う。

一九九四年三月十一日

鶴見俊輔

この本を読みなおして

網野さんとゆっくり話したのは、この対談の一度にすぎない。

対談に入る前に、

「網野さんの先生は誰ですか?」

と、私はたずねた。

日本の大学教授は、自分の訓練を受けた先達（せんだつ）がいて、その学統に属するものだと思っていたので、そういう先入見があったためだ。

少し間があって、

「しいて言えば、私です」

という答えが返ってきた。

網野善彦氏は、学生のころから、歴史学研究会の委員にあげられていたので、そのころ自分の書いた論文は、困ったものだった。今もそれが目の前にあって、こういうものを書きたくないと思っている。

そのころの政治党派に引きまわされた史学論文から離れたところをめざしている、ということだった。

初期の網野さんの論文を、私は読んでいない。読みはじめは『蒙古襲来』だった。やがて、『無縁・公界・楽』などをとおして、中世について新しい視野がくりひろげられてゆくのを、同時代の読者として見てきた。その視野が、政治の党派に引きまわされて結論に達する初期の活動への反省に根ざすものだということを、『歴史の話』というこの対談の直前に、私はきくことができた。

もうひとつ、これは、この対談の前に私が下読みしてきた今谷明の対談集『天皇家はなぜ続いたか』（新人物往来社）に出てくる網野さんの回想だが、「織田信長には天皇の権威はもう必要なかったはずだ。それならなぜ追っ払わなかったんですか」という北園高校の生徒の質問に、網野さん自身にとって満足のゆく答えができなくて、そのことが長く心に残っていたという。

これは、網野善彦の方法が、どういうふうにしてできたかへのもう一つの手がかりをあたえる。

くりかえすが、私は、日本の知識人は、短い記憶をもつことに特色があると思っている。それは戦争中に思いついた仮説だが、戦後六十年あまりを経て、自分の心に沈んで残っている。日本史を勉強するうちに、それはもともと日本の知識人の特色というよりも、明治以後の日本の知識人の特色ではないかと、いくらか限定して考えるようになった。

一八五三年の黒船到来から、混迷の中で、日本人は方向を新しく見定め、一八六八年に国ぐるみ、近代ヨーロッパの学問を取りいれることに踏みきった。その線上で全国民の教育制度を組み立て、頂点に一つの大学を置いた。この大学は、国家のつくった大学であり、学校は、大学をふくめて国家のつくったものである。それから百五十年、日本の知識人は、国家と対立しても、やがては国家のきめた方針に従う道をとってきて、あやしむところがない。しばらくあやしむ道をとった知識人も、ソヴィエト国家のたてた方針に沿うて日本の筋道を考え、これまたあやしむところがなかった。

敗戦後、手本はアメリカ合衆国にかわったが、今日も知識人の考えかたの型はかわらない。今でも無意識の領域に繰りこまれて表面に出さない日本の知識人の価値基準は、それは国家の決めたことか（肯定の規準）、なになにはもう古い（否定の規準）、の二つである。網野さんはそれに抗して、中世にさかのぼる旧家の古いふすまの下張りから独自の新しい見かたをつむいだ。

琉球王朝と北海道のアイヌに彼はおなじ日本列島中の独立した文化の系統を見た。このことは、日本歴史を記述する新しい方法であり、新しい日本通史が書かれることを期待させる。その望みは今は断たれた。だが、『歴史の話』を読み返してみて、ここに、網野さんが書くはずであった日本通史の輪郭(りんかく)が描かれていると思う。

私は、自分の手のひらの中に一度にぎりしめた戦争の記憶から、日本史について自分なりに考え続けるほかないが、そのとき手がかりになるのは、網野さんの残した言葉である。

二〇〇四年四月

鶴見俊輔

歴史の話 日本史を問いなおす 朝日文庫

2018年1月30日 第1刷発行

著 者 網野善彦 鶴見俊輔

発行者 友澤和子
発行所 朝日新聞出版
〒104-8011 東京都中央区築地5-3-2
電話 03-5541-8832（編集）
03-5540-7793（販売）
印刷製本 大日本印刷株式会社

Published in Japan by Asahi Shimbun Publications Inc.
定価はカバーに表示してあります

ISBN978-4-02-261919-8